18歳選挙権で政治はどう変わるか

データから予測する投票行動

飯田泰士 ●著
Iida Taishi

昭和堂

◆もくじ◆

表一覧　vi

1. はじめに──選挙権年齢引き下げの背景と、その影響・課題　1

2. 有権者が投票する基準は？　3

1　票を獲得するためには、どうすれば良いか？　3

2　第23回参議院議員通常選挙の際の選択理由は？　4

3　第22回参議院議員通常選挙の際の選択理由は？　6

4　第46回衆議院議員総選挙の際の選択理由は？　9

5　有権者が重視していることは何か？　10

3. 18歳・19歳は、いつ、どのような判断をするか？　13

1　有権者が考慮する政策課題の傾向は？　13

　　身近な政策課題を考慮している有権者　13

　　18歳・19歳が考慮する政策課題はどうなるか？　15

i

2 世論調査と18歳・19歳の判断　16

- 原子力発電所の再稼働と「立場が違えば、意見も違う」　16
- 18歳選挙権のデメリットと18歳・19歳の判断力　19
- 高校生の判断力はどの程度か？投票先はどうなるか？　22
- 18歳・19歳が投票先を決定する時期はいつか？　25

3 各世代の投票者数はどの程度か？　27

- 投票者数の参考値　27
- 非現実的な投票率　30

4. 18歳選挙権に対する期待と、残される課題　37

1 世代別・男女別日本人人口と少子化問題　37

- 18歳・19歳の日本人人口　37
- 男女で異なる賛否の傾向と集団的自衛権行使容認　40

2 世代間格差と政党・候補者の利益　41

- 利益を得る世代・不利益を受ける世代は、どのような世代か？　41
- 1億円の格差　42

3 選挙権年齢によって、各世代の利益・不利益はどうなるか？　44

- 選挙権年齢「20歳以上」の場合の利益・不利益　44
- 選挙権年齢「18歳以上」の場合の利益・不利益　45
- 選挙権年齢を「15歳以上」「8歳以上」に引き下げると、どうなるか？　46

もくじ

4　選挙権の年齢要件	48
🗐　0歳選挙権と代理投票	48
🗐　0歳選挙権＋代理投票の採用可能性は？	49
5　未知の有権者は誰？ その割合は？	51
6　国レベル・選挙区レベルの世代別日本人人口	53

5.18歳・19歳の投票率を予測する　　55

1　若年層の投票率と中年層・高年層の投票率	55
2　投票参加に関する見解と集票源としての価値	56
🗐　社会経済的地位・年齢と投票参加の関係は？	56
🗐　集票源としての価値が高いのは、どのような世代か？	62
🗐　大きな不利益を受ける世代は、どの世代か？	63
🗐　18〜19歳の投票率は、20〜24歳の投票率より低くなるか？	63
🗐　18〜19歳の投票率が高いのは、男性か？ 女性か？	64
3　投票によって得られる満足と投票率	67
🗐　投票率が高いのは、20歳？21歳？22歳？23歳？24歳？	67
🗐　投票によって得られる満足と18歳・19歳の投票率	70
4　投票者数の参考値と利益・不利益	71

iii

6. 投票率を上昇させる方法　　　73

1　若年層の投票率を上昇させる方法　　　73

2　政治教育と政治的中立性　　　74

　若年層の投票率と政治教育　　　74

　教育基本法 14 条 2 項と政治教育　　　74

　アメリカ・ドイツの政治教育　　　78

3　憲法と投票率　　　78

　オーストラリアの投票率が高い理由は？　　　78

　投票に対する意識と憲法改正　　　79

　選挙権拡大の歴史と、選挙権年齢引き下げの背景　　　84

4　被選挙権年齢・選挙権年齢の引き下げ　　　85

　被選挙権年齢の引き下げは、
　若年層の投票率の上昇につながるか？　　　85

　イギリス・アメリカで登場した若い政治家と
　マララ・ユサフザイ氏　　　88

　被選挙権年齢を引き下げるべきか？　　　89

　16 歳選挙権・被選挙権とオーストリア　　　92

5　棄権理由の解消　　　94

　棄権する理由は？　　　94

　「適当な候補者も政党もなかったから」　　　96

　「あまり関心がなかったから」「違いがよくわからなかったから」　96

　$R = P \times B - C + D$　　　98

7. ネット選挙と18歳・19歳　101

1　インターネットの世代別利用率が高い世代は？　101

2　インターネットを利用する日本人人口が多い世代は？　105

3　各世代の主要な情報源は？テレビ？新聞？インターネット？　108

8. おわりに——政治参加の機会の拡大　111

あとがき
——安全保障関連法・伊勢志摩サミットが、
　若年層の投票行動に与える影響は？　113

NOTE　117

参考資料編

参考資料①「公職選挙法等の一部を改正する法律」　163

参考資料②「公職選挙法等の一部を改正する法律案の提出理由」　168

参考文献一覧　169

表一覧

表 1	参議院議員通常選挙の選挙区選挙における候補者の選択理由・複数回答	5
表 2	参議院議員通常選挙の選挙区選挙における候補者の選択理由・1つ回答	6
表 3	参議院議員通常選挙の比例代表選挙における候補者の選択理由・1つ回答	7
表 4	参議院議員通常選挙の比例代表選挙における政党の選択理由・1つ回答	8
表 5	衆議院議員総選挙の小選挙区選挙における候補者の選択理由・複数回答	10
表 6	衆議院議員総選挙の比例代表選挙における政党の選択理由・複数回答	11
表 7	考慮した政策課題（世代別）	14
表 8	選挙区選挙で投票する候補者の決定時期	25
表 9	第23回参議院議員通常選挙の際の日本人人口・投票率・投票者数の参考値	29
表 10	第15回〜第23回参議院議員通常選挙の世代別投票率	33
表 11	第39回〜第47回衆議院議員総選挙の世代別投票率	33
表 12	世代別日本人人口・男女別日本人人口	39
表 13	世代別日本人人口	47

表 14	衆議院議員総選挙・参議院議員通常選挙における世代別投票率	58
表 15	参議院議員通常選挙における男女別投票率	65
表 16	衆議院議員総選挙における男女別投票率	66
表 17	20歳・21歳・22歳・23歳・24歳の投票率	68
表 18	投票に対する意識と投票参加の関係（全体）	81
表 19	投票に対する意識と投票参加の関係（20～39歳）	81
表 20	投票に対する意識と投票参加の関係（40～59歳）	81
表 21	投票に対する意識と投票参加の関係（60歳以上）	82
表 22	棄権理由	95
表 23	インターネットの世代別利用率	102
表 24	世代別のインターネットを利用する日本人人口	106
表 25	政治・選挙に関する情報の主要な入手元	109
表 26	サミット・解散総選挙の日程	115

1. はじめに
選挙権年齢引き下げの背景と、その影響・課題

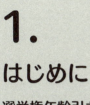

キーワード☞ 18 歳選挙権、選挙権年齢、公職選挙法等の一部を改正する法律、240 万人、憲法改正

現在、日本では、選挙権を持てる年齢（選挙権年齢）が「20 歳以上*1」だ。

2015 年 6 月 17 日、その選挙権年齢を、国際標準である「18 歳以上」に引き下げるための法律、すなわち、いわゆる「18 歳選挙権」を実現するための法律が成立した（法律の題名は「公職選挙法等の一部を改正する法律」だ）。

2016 年 6 月 19 日、その法律が施行され、新たに 18 歳・19 歳の有権者が投票することになる*2。

その人数は約 240 万人なので、政党等の選挙戦略に、少なからず影響が出る可能性がある*3。

また、18 歳選挙権に関しては、若年層の低投票率・世代間格

差等、多くの課題が指摘されている。

そこで、本書は、18歳選挙権をテーマとする。

日本において、選挙権年齢の引き下げは、1945年以来70年ぶりだ。また、日本国憲法の改正手続に関する法律の一部を改正する法律附則3項を背景とした今回の選挙権年齢の引き下げには、憲法改正に向けての環境整備という意味がある。[*4] そのため、国民の政治参加の機会の拡大や憲法改正に関心を持っている筆者にとって、それは、とても興味深いテーマだ。

選挙戦略を立てるときや、18歳選挙権に関する課題について考えるときに、本書が役立つと幸いだ。

有益な理論・データは、本文・117頁以降のNOTEに、できる限り多く掲載しておく（なお、本文中の「*番号」は、NOTEの各番号に対応している。また、データを表で示すことがある。各表の頁数は、vi - vii頁の表一覧に掲載しておく）。

また、政治への関心を高めるきっかけになる可能性があるので、公職選挙法等の一部を改正する法律が成立した2015年6月までの国会における議論、帝国議会における議論、答弁書・質問主意書も、そのようにしておく。もちろん、それらには、資料としての価値もある。

2. 有権者が投票する基準は？

キーワード☞政党の選択理由、候補者の選択理由、意識調査、政策、人柄

1 票を獲得するためには、どうすれば良いか？

 新たに、18歳・19歳の有権者が投票する。

 そのため、政党等は、18歳・19歳から票を獲得した方が良い。獲得票数の増加は、政党の獲得議席の増加や、候補者の当選につながる。

 では、18歳・19歳から票を獲得するためには、どうすれば良いのだろうか。

 18歳・19歳から票を獲得する方法を考えるにあたっては、選挙の際、有権者が何を重視して、政党・候補者を選択しているか、を知っておくのが有益だ。なぜなら、有権者が重視していること

をふまえた上で、その方法を考えた方が、効率的だからだ。

　そこで、以下、政党・候補者の選択理由について述べる。具体的には、2013年の第23回参議院議員通常選挙、2010年の第22回参議院議員通常選挙、2012年の第46回衆議院議員総選挙に分けて述べる。

2　第23回参議院議員通常選挙の際の選択理由は？

　第23回参議院議員通常選挙に関して。

　その選挙の際、明るい選挙推進協会は意識調査を実施した。

　その中に、次の質問があった。「あなたは選挙区選挙で候補者を選ぶ時、どういう点を重くみて投票する人を決めたのですか。あてはまるものをいくつでも選んで番号に○をつけてください」。その結果が表1だ（なお、明るい選挙推進協会は、衆議院議員総選挙・参議院議員通常選挙の際に、20歳以上の男女を対象として、意識調査を実施している。公職選挙法等の一部を改正する法律が成立した2015年6月17日の時点で、公表されている最新の調査結果は、第23回参議院議員通常選挙のものだ）。

　表1を見ると、次のことがわかる。

　「候補者の属する党の政策や活動を考えて」「候補者の政策や主張を考えて」の選択率が、突出して高い。そして、それらは、政策に関する選択肢だ。

　また、それらの次に選択率が高いのは、「候補者の人柄を考えて」だ。

2. 有権者が投票する基準は？

表1 参議院議員通常選挙の選挙区選挙における
候補者の選択理由・複数回答

区分		
1位	候補者の属する党の政策や活動を考えて	55.0
2位	候補者の政策や主張を考えて	42.4
3位	候補者の人柄を考えて	18.5
4位	地元の利益を考えて	13.0
5位	候補者の属する党の党首を考えて	11.3
6位	自分と同じような世代の利益を考えて	10.3
7位	政党間の勢力バランスを考えて	8.3
8位	家族や知人のすすめだったから	7.7
9位	自分と同じような職業の利益を考えて	6.6
10位	テレビや新聞、雑誌などで親しみを感じて	4.7
11位	その他	1.9
12位	わからない	1.6
13位	無回答	1.1

※順位は選択率の高さの順位。数字は選択率で、単位は％。
※表1は、明るい選挙推進協会『第23回参議院議員通常選挙全
　国意識調査　調査結果の概要』(2014年) 7頁に基づいて、筆
　者が作成した。

3 第22回参議院議員通常選挙の際の選択理由は？

第22回参議院議員通常選挙に関して。

その選挙の際も、明るい選挙推進協会は意識調査を実施した。

その中に、次の①②③の質問があった。①「あなたは、選挙区選挙で投票する候補者を決める時、どういう点を重くみたのですか。この中ではどれでしょうか。1つ選んでください」、②「あ

表2　参議院議員通常選挙の選挙区選挙における
　　　候補者の選択理由・1つ回答

区分		
1位	候補者の政策や主張を考えて	32.8
2位	候補者の属する党を考えて	25.9
3位	候補者の人柄を考えて	10.5
4位	地元の利益を考えて	5.0
5位	自分と同じような世代の利益を考えて	4.5
6位	家族や知人のすすめだから	4.3
7位	政党間の勢力バランスを考えて	4.2
8位	テレビや新聞、雑誌などを通じて、なんとなく親しみを感じているから	3.9
9位	候補者の属する党の党首を考えて	3.0
10位	自分と同じような職業の利益を考えて	2.6
11位	わからない	2.4
12位	その他	0.8

※順位は選択率の高さの順位。数字は選択率で、単位は％。
※表2は、明るい選挙推進協会『第22回参議院議員通常選挙の実態　調査結果の概要』（2011年）10頁に基づいて、筆者が作成した。

なたは、比例代表選挙で、候補者を選ぶ時、どういう点を重くみて投票する人を決めたのですか。この中ではどれでしょうか。1つ選んでください」、③「あなたは、比例代表選挙で、政党を選ぶとき、どういう点を重くみて投票する政党を決めたのですか。この中ではどれでしょうか。1つ選んでください」。質問①の結果が表2、質問②の結果が表3、質問③の結果が表4だ（さきほど示した第23回参議院議員通常選挙の際の質問と、ここで示した第

表3　参議院議員通常選挙の比例代表選挙における
　　　候補者の選択理由・1つ回答

区分		
1位	候補者の政策や主張を考えて	35.5
2位	候補者の属する党を考えて	17.1
3位	候補者の人柄を考えて	14.9
4位	家族や知人のすすめだから	9.7
5位	地元の利益を考えて	6.4
6位	自分と同じような職業の利益を考えて	5.0
7位	自分と同じような世代の利益を考えて	4.3
8位	候補者の属する党の党首を考えて	2.6
9位	テレビや新聞、雑誌などを通じて、なんとなく親しみを感じているから	2.1
10位	その他	1.2
11位	政党間の勢力バランスを考えて	0.9
12位	わからない	0.2

※順位は選択率の高さの順位。数字は選択率で、単位は％。
※表3は、明るい選挙推進協会『第22回参議院議員通常選挙の実態　調査結果の概要』（2011年）12頁に基づいて、筆者が作成した。

22回参議院議員通常選挙の際の質問は違う。そこで、両者を分けて述べた)。

表2、表3、表4を見ると、次のことがわかる。

選択率が最も高いのは、政策に関する選択肢だ。すなわち、表2、表3で選択率が最も高いのは「候補者の政策や主張を考えて」、また、表4で選択率が最も高いのは「その党の政策や活動を考えて」。

また、選挙区選挙でも、比例代表選挙でも、候補者の選択理由

表4　参議院議員通常選挙の比例代表選挙における
　　　政党の選択理由・1つ回答

区分		
1位	その党の政策や活動を考えて	53.1
2位	ほかの党よりましだから	12.1
3位	政党間の勢力バランスを考えて	7.5
4位	その党の党首を考えて	4.6
5位	なんとなくその党が好きだから	4.2
5位	家族や知人のすすめだから	4.2
7位	地元の利益を考えて	4.1
8位	自分と同じような世代の利益を考えて	3.4
9位	自分と同じような職業の利益を考えて	3.2
10位	わからない	2.4
11位	その他	1.1

※順位は選択率の高さの順位。数字は選択率で、単位は%。
※表4は、明るい選挙推進協会『第22回参議院議員通常選挙の
　実態　調査結果の概要』(2011年) 12頁に基づいて、筆者が
　作成した。

の 2 位は「候補者の属する党を考えて」であり、3 位は「候補者の人柄を考えて」だ。

4　第 46 回衆議院議員総選挙の際の選択理由は？

　第 46 回衆議院議員総選挙に関して。

　その選挙の際も、明るい選挙推進協会は意識調査を実施した。

　その中に、次の①②の質問があった。①「あなたは、小選挙区選挙で候補者を選ぶ時、どういう点を考えて投票する人を決めたのですか。あてはまるものをすべて選んで番号に○をつけてください」、②「あなたは、比例代表選挙で政党を選ぶとき、どういう点を考えて投票する政党を決めたのですか。あてはまるものをすべて選んで番号に○をつけてください」。質問①の結果が表 5、質問②の結果が表 6 だ（衆議院議員総選挙と参議院議員通常選挙では、政権選択選挙としての意義・選挙制度が違う。その違いが、政党・候補者の選択理由に影響を与える可能性がある。そこで、両者を分けて述べた）。

　表 5、表 6 を見ると、次のことがわかる。

　選択率が高いのは、政策に関する選択肢だ。すなわち、表 5 では、1 位が「候補者の属する党の政策や活動を考えて」、2 位が「候補者の政策や主張を考えて」であり、また、表 6 では、1 位が「その党の政策や活動を考えて」だ。

　また、候補者の選択理由の 3 位は、「候補者の人柄を考えて」だ。

表5　衆議院議員総選挙の小選挙区選挙における
　　　候補者の選択理由・複数回答

区分		
1位	候補者の属する党の政策や活動を考えて	64.7
2位	候補者の政策や主張を考えて	45.5
3位	候補者の人柄を考えて	27.2
4位	地元の利益を考えて	22.7
5位	候補者の属する党の党首を考えて	21.0
6位	自分と同じような世代の利益を考えて	10.9
7位	政党間の勢力バランスを考えて	8.4
8位	自分と同じような職業の利益を考えて	7.3
9位	家族や知人のすすめだったから	5.6
10位	テレビや新聞、雑誌などで、親しみを感じていたから	5.0
11位	その他	2.0
12位	わからない	0.9
13位	無回答	0.1

※順位は選択率の高さの順位。数字は選択率で、単位は％。
※表5は、明るい選挙推進協会『第46回衆議院議員総選挙全国
　意識調査　調査結果の概要』（2013年）6頁に基づいて、筆者
　が作成した。

5　有権者が重視していることは何か？

　以上で述べたことに基づくと、参議院議員通常選挙・衆議院議員総選挙に関して、次のことがいえる。

　有権者が政党・候補者を選択する際、とても重視しているのは政策だ。

2. 有権者が投票する基準は？

表6　衆議院議員総選挙の比例代表選挙における
　　　政党の選択理由・複数回答

区分		
1位	その党の政策や活動を考えて	66.2
2位	ほかの党よりましだから	25.6
3位	その党の党首を考えて	19.9
4位	地元の利益を考えて	17.3
5位	私の支持する候補者が所属する党だから	11.5
6位	政党間の勢力バランスを考えて	10.0
7位	自分と同じような世代の利益を考えて	8.8
8位	自分と同じような職業の利益を考えて	6.7
9位	家族や知人のすすめだから	5.9
10位	なんとなくその党が好きだから	4.5
11位	その他	2.0
12位	無回答	1.4
13位	わからない	1.2

※順位は選択率の高さの順位。数字は選択率で、単位は％。
※表6は、明るい選挙推進協会『第46回衆議院議員総選挙全国
　意識調査　調査結果の概要』(2013年) 7頁に基づいて、筆者
　が作成した。

　また、有権者が候補者を選択する際、候補者の所属政党のこと
や人柄も重視している。

キーワード☞政策課題、判断力、
投票先の決定時期、争点投票、投票者数

1 有権者が考慮する政策課題の傾向は？

身近な政策課題を考慮している有権者

 以上で述べたように、有権者が政党・候補者を選択する際、とても重視しているのは政策だ（なお、18歳・19歳が、政策以外のことをとても重視して、政党・候補者を選択する可能性はある。実際どうなるかは、現在、わからない。ただ、18歳・19歳が、政党・候補者を選択する際に、政策を全く考慮に入れない、とは考えられない）。

 そのため、18歳・19歳から票を獲得するためには、それを獲得できるように、政策を主張すれば良さそうだ。

 そして、注意すべきは、選挙の際に考慮する政策課題の傾向が、

表7　考慮した政策課題（世代別）

区分	20 〜 39 歳		40 〜 59 歳		60 歳以上	
1位	景気対策	51.5	景気対策	61.1	年金	58.4
2位	子育て・教育	38.0	年　金	40.4	医療・介護	56.5
3位	消費増税	33.2	医療・介護	37.2	景気対策	51.8
4位	雇用対策	27.1	消費増税	32.1	消費増税	32.0
5位	医療・介護	24.8	原発・エネルギー	30.9	原発・エネルギー	30.5
6位	年　金	22.7	雇用対策	28.9	震災からの復興	26.5
7位	原発・エネルギー	21.4	震災からの復興	26.3	財政再建	24.3
8位	震災からの復興	20.8	子育て・教育	25.8	雇用対策	21.7
9位	財政再建	16.2	財政再建	25.8	外交・防衛	20.5
10位	外交・防衛	13.4	外交・防衛	17.3	憲法改正	18.1

※順位は選択率の高さの順。数字は選択率で、単位は％。
※表7は、明るい選挙推進協会『第23回参議院議員通常選挙全国意識調査　調査
　結果の概要』（2014年）9頁、58頁に基づいて、筆者が作成した。

世代によって違う、ということだ。

　以下、そのことに関して述べる。

　さきほど述べたように、第23回参議院議員通常選挙の際、明るい選挙推進協会は意識調査を実施した。

　その中に、次の質問があった。「今回の参院選では、どのような政策課題を考慮しましたか。あてはまるものをいくつでも選んで番号に○をつけてください」。その結果を世代別に集計したものが表7だ。[*5]

　表7を見ると、次のことがわかる。

　「景気対策」は、全ての世代で、選択率が50.0％を超えている

し、3位以内に入っている。全ての世代でそうなっているのは、「景気対策」だけだ。「医療・介護」「年金」は、それらが身近な問題になる高齢の世代ほど、選択率が高くなっているし、順位も高くなっている。60歳以上では、1位が「年金」で、2位が「医療・介護」だ。「景気対策」が1位になっていない唯一の世代が、60歳以上だ。逆に、「子育て・教育」は、高齢の世代ほど、選択率・順位が低くなっていて、一般に子育てが終わっている60歳以上では、10位以内に入っていない（60歳以上では、「憲法改正」の方が「子育て・教育」より上位なので、選択率は「憲法改正」の方が「子育て・教育」より高い。そして、「憲法改正」の選択率は18.1％だ。その選択率は、20〜39歳における「子育て・教育」の選択率38.0％よりも、40〜59歳における「子育て・教育」の選択率25.8％よりも低い）。

　以上のことをふまえると、有権者は、選挙の際、自分にとって身近な政策課題を考慮している、といえる（それは、第23回参議院議員通常選挙に限ったことではないし、国政選挙に限ったことでもない）。[*6]

🗐 18歳・19歳が考慮する政策課題はどうなるか？

　そのため、18歳・19歳も、選挙の際、自分にとって身近な政策課題を考慮すると考えられる（以上で述べたことをふまえると、例えば、「年金」「医療・介護」を考慮する割合が、18歳・19歳では低いと考えられる）。

　18歳・19歳が例外になる理由は特にない。

　そして、具体的に見た場合、18歳・19歳が考慮する政策課題の傾向が、20〜39歳が考慮する政策課題の傾向と違うというこ

とも、十分考えられる。

　特に、時期によっては、18歳の中には高校生が多数含まれる。そして、高校生の多くは進学を控えている。それは、20～39歳と大きく違う。そのことが、18歳が考慮する政策課題の傾向と、20～39歳が考慮する政策課題の傾向に、違いをもたらす可能性がある。例えば、18歳は、奨学金に関する政策を考慮して投票する割合が、他の世代より高い可能性がある。ちなみに、2014年12月、第47回衆議院議員総選挙の際、産経新聞が次の報道をした。「選挙権年齢を現在の『20歳以上』から『18歳以上』へ引き下げる検討が国会で進んでいる。早ければ2年後にも導入される可能性があり、未成年が投じた1票が国政を左右することになる。高校生や大学生に今回の衆院選はどう映ったのか、未来の有権者の声を聞いた。(中略) 栃木県塩谷町の高3 (中略) は『消費税が8%に引き上げられ、買い物のときに高くなった。これ以上増税しなくてもいいという政党に投票したい』。一方、千葉県柏市の高3 (中略) は『増税しないという政党もあったけれど、本当に大丈夫なのかな』と首をかしげ、『身近なのは奨学金問題だったが、熱心に訴えた政党は少なくて残念だ』と述べた」(中略部分には、個人名が含まれていた[7])。

2　世論調査と18歳・19歳の判断

📖　原子力発電所の再稼働と「立場が違えば、意見も違う」

　なお、以上では、選挙の際に考慮する政策課題の傾向が、世代によって違う、ということについて述べてきた。

　ただ、世代によって違うのは、それだけではない。

3. 18歳・19歳は、いつ、どのような判断をするか？

　世代によって、ある政策に対する賛否の傾向が違うことがある。

　以下、そのことについて述べる。

　NHKは、2014年10月31日〜11月3日の4日間、鹿児島県にある川内原発の再稼働について、20歳以上の男女を対象とする世論調査を実施した。

　その結果は、以下のとおりだ。

　川内原発が位置する薩摩川内市では、川内原発の再稼働に、「賛成」「どちらかといえば賛成」49%、「反対」「どちらかといえば反対」44%。

　全国では、川内原発の再稼働に、「賛成」「どちらかといえば賛成」32%、「反対」「どちらかといえば反対」57%。

　川内原発から30km圏の地域（周辺地域）では、川内原発の再稼働に、「賛成」「どちらかといえば賛成」34%、「反対」「どちらかといえば反対」58%。

　福岡市では、川内原発の再稼働に、「賛成」「どちらかといえば賛成」37%、「反対」「どちらかといえば反対」52%。

　賛成の理由で最も多かったのは、薩摩川内市では「地域の経済の活性化」、その他の地域では「電力の安定供給」。また、反対の理由で最も多かったのは、どの地域でも「原発の安全性への不安」[8]。

　というように、薩摩川内市では、特徴的な結果が示された。その特徴的な結果とは、①川内原発の再稼働に、「賛成」「どちらかといえば賛成」の割合が、「反対」「どちらかといえば反対」の割合より高く、また、②賛成の理由で最も多かったのが、「電力の安定供給」ではなく、「地域の経済の活性化」だった、ということだ。

17

ただ、薩摩川内市におけるその割合は、世代によって大きく違った。

　具体的には、以下のとおりだ。

　20〜39歳では、川内原発の再稼働に、「賛成」「どちらかといえば賛成」75%、「反対」「どちらかといえば反対」23%。

　40〜49歳では、川内原発の再稼働に、「賛成」「どちらかといえば賛成」60%、「反対」「どちらかといえば反対」36%。

　50〜59歳では、川内原発の再稼働に、「賛成」「どちらかといえば賛成」59%、「反対」「どちらかといえば反対」38%。

　60〜69歳では、川内原発の再稼働に、「賛成」「どちらかといえば賛成」44%、「反対」「どちらかといえば反対」51%。

　70歳以上では、川内原発の再稼働に、「賛成」「どちらかといえば賛成」42%、「反対」「どちらかといえば反対」47%[9]。

　若い世代ほど、「賛成」「どちらかといえば賛成」の割合が高い。

　若い世代で賛成の割合が高くなる傾向は、他の地域でも見られた。具体的にいうと、20〜39歳の「賛成」「どちらかといえば賛成」の割合は、周辺地域では54%、福岡市では44%、全国では40%であり、いずれも他の世代より高かった[10]。

　そのような結果が示されたことに関して、大阪大学の小林傳司教授は、原因は様々考えられるとしたうえで、次のように発言した。「働いている世代からすれば、現実に再稼働は大きな要素で、きれい事は言えないということだろう。事故は起こるかもしれないが、今の経済とのバランスを考えたときに、リスクを覚悟のうえで選んだのではないか。ただ、危ないかもしれないからやめておこうという議論と、危ないかもしれないけれども受け入れようという議論は、どちらが合理的か簡単には決められない問題だ」[11]。

その世論調査の際、18〜19歳の男女も対象にしていたら、その結果はどうなっていただろうか。

18〜19歳は、以上で示した他の世代より、学生の割合がかなり高い。

それが、結果に影響する可能性がある（「立場が違えば、意見も違う」という言葉がある。以上で述べてきたことにも、それが表れている。そして、学生は、社会人になるにあたって、就職先も、居住地域も、比較的自由に選択できる。例えば、原発関連企業に就職するか、原発が立地する地域に居住するか、ということを、比較的自由に選択できる）。

18〜19歳の方が、20〜39歳より、「賛成」「どちらかといえば賛成」の割合が高かったとは限らない。

18歳選挙権のデメリットと18歳・19歳の判断力

ところで、選挙権年齢の「18歳以上」への引き下げと世論調査といえば、2015年、それに関する世論調査が実施された。

2015年1月17日・18日、朝日新聞は、全国の有権者を対象とする世論調査を実施した。

その結果は、以下のとおりだ。

「国会議員などを選ぶ選挙権の年齢を、20歳から18歳に引き下げることに賛成ですか。反対ですか」という質問の回答は、「賛成」45%、「反対」41%。

「一般的に、18歳になれば、投票する人や政党を選ぶ判断力はあると思いますか。ないと思いますか」という質問の回答は、「ある」46%、「ない」40%。

「選挙権の年齢を20歳から18歳に引き下げることで、若者の

投票率が上がると思いますか。上がらないと思いますか」という質問の回答は、「上がる」30%、「上がらない」58%。[*12]

　その世論調査の質問にもあるように、選挙権年齢の「18歳以上」への引き下げに関しては、18歳に判断力があるか否かが注目されていた。18歳の判断力を疑問視して（18歳選挙権には、そういうデメリットがあると考えて）、選挙権年齢の引き下げに反対している人もいた。現在もそのような立場にたっている、という人もいるだろう。

　では、全国の有権者を対象とする世論調査で次の質問をしたら、「ある」「ない」の割合はどの程度になるのだろう。

　「自分に、投票する人や政党を選ぶ判断力はあると思いますか。ないと思いますか」。

　「一般的に、20歳になれば、投票する人や政党を選ぶ判断力はあると思いますか。ないと思いますか」。

　ちなみに、後者の質問と関係する答弁があり、2001年6月6日、第151回国会衆議院政治倫理の確立及び公職選挙法改正に関する特別委員会で、遠藤和良総務副大臣（当時）は次の答弁をした。「選挙権と被選挙権の年齢に区別を設けておりますのは、社会的経験に基づく思慮と分別ということを期待したものでございまして、この年齢がそれぞれ適当であるとされているわけでございます」。

　「20歳以上」という選挙権年齢は、そういう意味で、適当とされていた。

　その答弁に基づくと、18歳・19歳に、20歳以上と同等の判断力があれば、判断力に関しては、特に問題はないということになる。

　なお、18歳・19歳を対象とする模擬投票で、実際の選挙と同

3. 18歳・19歳は、いつ、どのような判断をするか？

様の結果が示されても、18歳・19歳の判断力と20歳以上の判断力が、同等とは限らない。判断力が違っても、結果が同様ということはあり得る。例えば、模擬投票の実施日が、実際の選挙期日の前でも後でも、それが結果に影響する可能性があり、それを理由として、同様の結果が示される可能性がある。もちろん、そもそも、何をもって同様の結果というのか不明確だ。同様の結果だと主張したい人は、そう主張できるし、その逆もできる。

　18歳・19歳の判断力が、20歳以上の判断力と比べて、高いか、低いか、同等かはさておき、18歳・19歳も、いざ投票するとなれば、多かれ少なかれ、調べたり、考えたりするだろう。普段は勉強しなくても、テストの前の休み時間くらいは勉強するだろう、それと同じだ（なお、選挙権を認めるべきか否かを考えるにあたり、判断力に強くこだわると、実際に採用されるかは別問題だが、次のような制度案・意見も出てきかねない。「判断力上位1％の国民だけに、選挙権を認めるべきだ。判断力上位1％の国民と平均的な判断力の国民の間には、判断力の大きな差がある」。また、仮に、判断力にこだわり、それこそが最も重要とするなら、「政治は人工知能に任せた方が良い」という日が、いつか来るかもしれない）。

　さらにいえば、選挙権を認められていない18歳・19歳は、政治に関して、ある意味、蚊帳の外に置かれていた。政治に関心をもっても、投票できない。どうせ投票できないから、政治に関心をもたない。興味を引くことは、世の中にいくらでもあるのだから、なおさらだ（もちろん、選挙権がなくても、政治的意思表示をしようと思えば、いくらでもすることができる。ただ、一般の国民にとって、選挙は、ほとんど唯一の積極的な政治参加の機会だ。*13 だから、その選挙に参加できない、投票できないというのは、大きなことだ）。

21

しかし、選挙権を認められれば、状況は大きく変わる。18歳・19歳も投票できる。それを背景として、18歳・19歳は、選挙権を認められていないときより、政治に関心をもち、考えるだろう。18歳・19歳の判断力は、選挙権を認められていないときと、選挙権を認められているときでは違う。蚊帳の外に置かれていたときと（政治に関心をもてないようにされていたときと）、蚊帳の中に入れたときを同一視されたら、18歳・19歳も心外だろう。

🗋 高校生の判断力はどの程度か？ 投票先はどうなるか？

ところで、2015年3月10日、第189回国会衆議院予算委員会第三分科会で、以前教育現場にいた宮川典子衆議院議員は、高校生の判断力・投票先に関して、次の発言をした。「十八歳に選挙権が今度は付与されるということでありますけれども、私は少し危惧していることがあるので、せっかくですからここで御答弁いただきたいんですが、教育の現場での政治的中立性がしっかり保たれるかどうか、これは大変大きな問題だと思っております。私がもし今現場にいて、参議院選挙があると。宮川先生はどこに、誰に投票するんですかといって、私が候補者でいたとして、自民党の宮川典子さんに投票しますと言ったら、『多くの高校生は、クラスの担任の先生が言った人に多分投票すると思います』。『なぜなら、よくわからないからです』。もしくは、『親御さんがこの人に投票するのよと言った人に多分投票する』というのが、申しわけないですけれども、実態だと思うんですね。その場合に、もし私が教壇に立っている立場で、誰々を支持しているとか、どこの党を支持しているというふうに言った時点で、もう教育の中の政治的中立性が消えてしまうという大きな問題があると思いま

す。これは教育をする側に対してよくよく啓発をしなければ、大きな、いわゆる、自分たちが意図しない先導を起こすことというのがあり得ると思います」(『』、傍点は、強調するために、筆者が付けた。なお、教育の政治的中立性に関しては、後述する)。

その発言に対しては、色々な意見があるだろう。

特に、その発言内容の対象になっている高校生は、色々思うところがあるだろう。

さて、次の①②③④⑤⑥⑦をふまえた場合、その発言のように、よくわからないことを原因として、高校生の投票先がそういうことになる、と考えられるのだろうか(例えば、①②③を理由として、高校生の投票先はそういうことにならない、と考える人もいるかもしれない)。なお、もちろん、「クラス担任の発言・親の指示は、高校生の投票先に全く影響を与えない」というつもりはさらさらない。①クラス担任の発言・親の指示によって、ある高校生の投票先が決定されるためには、クラス担任・親が、その高校生に対して、候補者選択に関する強い影響力をもっていることが必要だが、そもそも、その条件をみたさない場合がある、②よくわからない高校生は、クラス担任の発言・親の指示のとおりに投票するのではなく、投票しない、という可能性がある、③クラス担任・親以外の者、例えば、友人が、ある高校生に対して、候補者選択に関する強い影響力をもつ可能性がある、また、それをもつ者が複数存在する場合に、それらの者の候補者選択に関する意見が一致しない可能性がある、④テレビの影響力は政治に関心が低い人には及ばない、というわけではない、⑤高校生は、高コスト(コストとは、例えば、時間・労力)をかけなければ、政治・選挙に関する情報を獲得できない、というわけではない、例えば、テレビを見たり、

インターネットを利用したりすれば、低コストで、それを獲得できる、⑥投票に参加するためのコストはかけるが、投票先を選択するためのコストは全くかけない、というのは考えにくい、⑦選挙の争点の中には、難しい争点（分かりにくい争点）だけではなく、やさしい争点（分かりやすい争点）もある、当然、後者の方が争点投票（政策争点に基づく投票行動）を引き起こしやすい。[*17]

　なお、さきほど、政党・候補者の選択理由に関する表を示した。具体的にいうと、表1、表2、表3、表4、表5、表6だ。

　それらの表を見ると、次のことがわかる。

　「家族や知人のすすめだったから」「家族や知人のすすめだから」の選択率は、全ての表で 10.0% 未満だった。

　また、争点投票の話が出てきたので、ここで、それについて補足しておく。

　争点投票が生じるためには、①有権者がその争点を重視し、かつ、自分自身の立場が明確であること、②各政党・各候補者の立場が明確に異なり、かつ、それぞれの立場を有権者が認識していることが必要だ。そして、さらに付け加えるならば、全く守られるあてがない公約に基づいて投票する有権者はいないので、③その政党が政権を獲得した場合に、公約を議会で実現するだけの党内規律が存在していることに対する、最低限の信頼が必要だ。[*18] ③に問題がある政党は、まず、そのような信頼を取り戻す必要がある。また、②をふまえると、争点投票を生じさせるためには、政策が異なっていることを有権者にわかってもらうことが大切だ。政策が大きく異なっていても、有権者がそれを認識していなければ、争点投票は生じない。要するに、どのように広報するかが重要だ。有権者がそれを低コストで認識できるようにする工夫も、

3. 18歳・19歳は、いつ、どのような判断をするか？

表8 選挙区選挙で投票する候補者の決定時期

区　分	選挙期間に入る前	選挙期間に入った時	選挙期間中	投票日当日
20～39歳	16.6	21.7	36.8	24.9
40～59歳	25.4	24.3	38.5	11.8
60歳以上	39.3	28.4	27.6	4.8
全　体	30.4	25.8	32.9	10.9

※数字は選択率で、単位は％。
※表8は、明るい選挙推進協会『第23回参議院議員通常選挙全国意識調査　調査結果の概要』（2014年）7頁、50頁に基づいて、筆者が作成した。

政党等には必要だ。[19]特に、18歳・19歳に関しては、そういう工夫をする必要性が高い。なぜなら、年齢的に、政策を比較するのに慣れていないからだ。なお、以上のことに関して、2015年4月、時事通信は次の報道をした。「民主党の岡田克也代表は24日、東京都内の私立品川女子学院を訪れ、課外授業で講師を務めた。（中略）授業では生徒側から、公約の実行率を表にして示すべきだという声や、より分かりやすい公約をつくってほしいという意見が出た」。[20]

🗋 18歳・19歳が投票先を決定する時期はいつか？

投票先に関する話を、もう少し続ける。

さきほど述べたように、第23回参議院議員通常選挙の際、明るい選挙推進協会は意識調査を実施した。その中に、選挙区選挙で投票する候補者の決定時期（選挙区選挙における投票先の決定時期）を問う質問があった。その結果が表8だ。

表8を見ると、次のことがわかる。

25

世代によって、決定時期の傾向が大きく違う。

まず、「選挙期間に入る前」に投票先を決めた人は、20 〜 39 歳では 16.6%、40 〜 59 歳では 25.4%、60 歳以上では 39.3% だ。高齢の世代ほど、割合が高くなっている。

また、「選挙期間に入った時」に投票先を決めた人は、20 〜 39 歳では 21.7%、40 〜 59 歳では 24.3%、60 歳以上では 28.4% だ。高齢の世代ほど、割合が高くなっている。

そのため、高齢の世代ほど、早い時期に投票先を決める傾向がある、といえる。

その傾向は、次のことにも表れている。「投票日当日」に投票先を決めた人は、20 〜 39 歳では 24.9%、40 〜 59 歳では 11.8%、60 歳以上では 4.8% であり、高齢の世代ほど、割合が低くなっている。[21]

一般に、支持政党があれば、その政党の候補者に投票しておけば良いので、早い時期に投票先を決めることができそうだ。そして、日本では、若い世代ほど、無党派層（どの政党も支持していない人々）の割合が高い。[22]また、過去の選挙で、繰り返し、同じ候補者に投票してきた有権者は、特に問題が起こっていなければ、またその候補者に投票するという決定を早い時期にできそうだ。20 〜 39 歳は、年齢的に、選挙の経験回数が少ないので、そのような有権者は多くないだろう。

そういうことを理由として、高齢の世代ほど、早い時期に投票先を決める傾向がある、と考えられる。

以上のことをふまえると、18 歳・19 歳の投票先決定時期は遅くなる、と考えられる。

3 各世代の投票者数はどの程度か？

🗇 投票者数の参考値

さて、表7、表8では、世代の区分が、20～39歳、40～59歳、60歳以上だ。明るい選挙推進協会『第23回参議院議員通常選挙全国意識調査　調査結果の概要』の区分に従った結果、そうなっている。

そして、第23回参議院議員通常選挙の際、20～39歳、40～59歳、60歳以上の投票者数の参考値は、大きく違った（一応述べておくと、「参考値」とは、「参考になる値」のことだ）。要するに、20～39歳、40～59歳、60歳以上の投票者数は、大きく違った。

以下、そのことに関して述べる。

その選挙の際、選挙権年齢は「20歳以上」だ。

そのため、20歳以上の世代は、選挙権を認められている世代だ。

ただ、選挙権を認められている世代の日本人でも、例外的に選挙権を制限されることがある（例えば、公職選挙法11条参照）[*23]。具体的にいうと、30歳の日本人でも、選挙権を制限されることがある。そのため、選挙権を認められている世代でも、各世代の日本人人口と各世代の有権者数は必ず一致する、というわけではない。ただ、選挙権を認められている世代の日本人が、選挙権を制限されるのは、あくまでも例外だ。そのため、選挙権を認められている世代に関しては、各世代の日本人人口は、各世代の有権者数の参考値といえる。

そのため、各世代の日本人人口（各世代の有権者数の参考値）×各世代の投票率＝各世代の投票者数の参考値だ。

では、第23回参議院議員通常選挙の際、各世代の日本人人口、

各世代の投票率、各世代の投票者数の参考値は、どうだったのだろうか。それを示したものが表9だ。なお、第23回参議院議員通常選挙が実施されたのは2013年7月21日だが、資料の都合上、ここで示す日本人人口は2013年7月1日現在のものだ。[*24]

表9を見ると、第23回参議院議員通常選挙の際、20～39歳、40～59歳、60歳以上の投票者数の参考値が大きく違った、ということがよくわかるだろう。

投票者数の参考値（千人）は、「20～39歳」11477、「40～59歳」18594、「60歳以上」25952だ。20～39歳の投票者数の参考値は、60歳以上の投票者数の参考値の半分もない。

投票者数の参考値（千人）は、40～59歳は20～39歳より7117多く、また、60歳以上は20～39歳より14475多い（18594－11477 = 7117。25952－11477 = 14475）。

ちなみに、その選挙の際、15～19歳の日本人人口は5977（千人）だった。[*25]

そのため、他の状況がそのままなら、仮に、その選挙の際、選挙権年齢が「18歳以上」になっていても、18～19歳の投票率にかかわらず、すなわち、その投票率が100.00％でも、投票者数の参考値は、18～39歳より、40～59歳、60歳以上の方が多かった。それどころか、その選挙の際、選挙権年齢が「15歳以上」になっていても、15～19歳の投票率にかかわらず、投票者数の参考値は、15～39歳より、40～59歳、60歳以上の方が多かった（γは投票率。5977 γ <7117、5977 γ <14475）。

というように、第23回参議院議員通常選挙の際、20～39歳、40～59歳、60歳以上の投票者数の参考値は、大きく違った。

要するに、その選挙の際、20～39歳、40～59歳、60歳以上

表9　第23回参議院議員通常選挙の際の
　　　日本人人口・投票率・投票者数の参考値

区　分	日本人人口(千人) α	投票率(%) β	投票者数の参考値（千人）α×β	投票者数の参考値（千人）	投票者数の参考値の合計に占める割合（%）	日本人人口(千人)
20〜24歳	6040	31.18	1883			
25〜29歳	6710	35.41	2376	11477	20.49	29232
30〜34歳	7484	40.93	3063			
35〜39歳	8998	46.18	4155			
40〜44歳	9466	48.90	4629			
45〜49歳	8206	54.86	4502	18594	33.19	32995
50〜54歳	7623	60.31	4597			
55〜59歳	7700	63.19	4866			
60〜64歳	9738	65.51	6379			
65〜69歳	8565	69.98	5994			
70〜74歳	7446	70.94	5282	25952	46.32	41244
75〜79歳	6288	66.43	4177			
80〜84歳	4733	44.75	4120			
85歳以上	4474					
合　計	103471		56023	56023	100.00	103471

※なお、第23回参議院議員通常選挙の際、15〜19歳の日本人人口は5977（千人）だった。

※表9の日本人人口の部分は、総務省統計局『人口推計―平成25年12月報―』（2013年）の2013年7月1日現在の日本人人口（確定値）に基づいて、筆者が作成した。表9の投票率の部分は、総務省選挙部『第23回参議院議員通常選挙における年齢別投票状況』（2013年）1頁に基づいて、筆者が作成した。表9の上記以外の部分は、以上をふまえ、筆者が作成した。

の投票者数が大きく違った、ということだ。

表9を見るとわかるだろうが、各世代の日本人人口・各世代の投票率が大きく違うので、そういうことになる。

日本人人口が多く、投票率が高い世代は、投票者数の参考値が多くなるし、逆に、日本人人口が少なく、投票率が低い世代は、投票者数の参考値が少なくなる。5歳区切りで見た場合、前者の典型例は、60〜64歳であり、投票者数の参考値は6379（千人）。後者の典型例は、20〜24歳であり、投票者数の参考値は1883（千人）。20〜24歳の投票者数の参考値は、60〜64歳のそれの3分の1もない。ただ、そもそも、20〜24歳の日本人人口は6040（千人）なので、20〜24歳の投票率にかかわらず、投票者数の参考値は、20〜24歳より60〜64歳の方が多くなっていた（δは投票率。6040 δ <6379）。日本人人口が多い60〜64歳が、65.51%という高い投票率を出した時点で、日本人人口が少ない20〜24歳に勝ち目はなくなった（投票者数の参考値で、20〜24歳が60〜64歳を上回ることはなくなった）。

さきほど示したように、18〜19歳が含まれる15〜19歳の日本人人口は、20〜24歳の日本人人口よりさらに少ないので、今後も、同様のことはいくらでも起こるだろう。18歳・19歳は、そういうことを覚悟しておく必要がある。

非現実的な投票率

ところで、第23回参議院議員通常選挙の際、20〜39歳と40〜59歳の投票者数の参考値が同じになるためには、20〜39歳の投票率がどの程度だったら良かったのだろうか。また、その選挙の際、20〜39歳と60歳以上の投票者数の参考値が同じにな

3. 18歳・19歳は、いつ、どのような判断をするか？

るためには、20〜39歳の投票率がどの程度だったら良かったのだろうか。

　以下、表9に基づいて、述べる。

　20〜39歳の日本人人口は29232（千人）だ。

　40〜59歳の日本人人口は32995（千人）だ。

　60歳以上の日本人人口は41244（千人）だ。

　そして、さきほど述べたように、各世代の日本人人口（各世代の有権者数の参考値）×各世代の投票率＝各世代の投票者数の参考値だ。

　以上をふまえ、まず、20〜39歳と40〜59歳の投票者数の参考値が同じになるためには、20〜39歳の投票率がどの程度だったら良かったのだろうか、ということについて述べる。

　40〜59歳の投票者数の参考値は18594（千人）だ。

　そのため、20〜39歳の投票率が63.61%だったら、20〜39歳と40〜59歳の投票者数の参考値が同じ18594（千人）になっていた（18594÷29232×100＝63.61）。

　63.61%という投票率は、それだけを見ると、非現実的な数字ではない。実際、その選挙の際、60〜64歳、65〜69歳、70〜74歳、75〜79歳の投票率は、63.61%より高かった。

　ただ、63.61%という投票率は、実際の20〜39歳の投票率よりかなり高い。しかも、平成に入って以降の参議院議員通常選挙、すなわち、1989年の第15回参議院議員通常選挙〜2013年の第23回参議院議員通常選挙で、20〜39歳の投票率が63.61%以上だったことはない。そのため、20〜39歳にとって、63.61%という投票率は非現実的なものといえる（ここでは、第23回参議院議員通常選挙に関する話をしているので、参考にする投票率は、参議院

31

議員通常選挙のものにした）。

　次に、20 〜 39 歳と 60 歳以上の投票者数の参考値が同じにな
るためには、20 〜 39 歳の投票率がどの程度だったら良かったの
だろうか、ということについて述べる。

　60 歳以上の投票者数の参考値は、25952（千人）だ。

　そのため、20 〜 39 歳の投票率が 88.78% だったら、20 〜 39 歳
と 60 歳以上の投票者数の参考値が同じ 25952（千人）になってい
た（25952 ÷ 29232 × 100 ＝ 88.78）。

　ただ、88.78% という投票率は、あらゆる世代にとって、非現
実的なものだ。

　ここで、以上でふれた第 15 回〜第 23 回参議院議員通常選挙
の世代別投票率を示す。それが表 10 だ。また、参考になると思
われるので、平成に入って以降の衆議院議員総選挙、すなわち、
1990 年の第 39 回衆議院議員総選挙〜 2014 年の第 47 回衆議院議
員総選挙の世代別投票率も示しておく。それが表 11 だ。

　さきほど示したように、第 23 回参議院議員通常選挙の際、20
〜 39 歳の日本人人口は、40 〜 59 歳、60 歳以上の日本人人口よ
り少なかった。

　そのため、20 〜 39 歳の投票率が、40 〜 59 歳の投票率より高
くないと、20 〜 39 歳と 40 〜 59 歳の投票者数の参考値は同じに
ならなかった。また、20 〜 39 歳の投票率が、60 歳以上の投票率
より高くないと、20 〜 39 歳と 60 歳以上の投票者数の参考値は
同じにならなかった。なお、表 10 を見るとわかるように、平成
に入って以降の参議院議員通常選挙で、20 〜 39 歳の投票率が、
40 〜 59 歳、60 歳以上の投票率より高かったことはない。

　そして、仮に、その選挙の際、選挙権年齢が「18 歳以上」になっ

3. 18歳・19歳は、いつ、どのような判断をするか？

表 10　第 15 回〜第 23 回参議院議員通常選挙の世代別投票率

区　分	第15回	第16回	第17回	第18回	第19回	第20回	第21回	第22回	第23回
20〜29歳	47.42	33.35	25.15	35.81	34.35	34.33	36.03	36.17	33.37
30〜39歳	65.29	49.30	41.43	55.20	49.68	47.36	49.05	48.79	43.78
40〜49歳	70.15	54.83	48.32	64.44	61.63	60.28	60.68	58.80	51.66
50〜59歳	75.40	62.00	54.72	69.00	67.30	66.54	69.35	67.81	61.77
60〜69歳	79.89	69.87	64.86	75.24	75.05	74.21	76.15	75.93	67.56
70歳以上	66.71	61.39	57.20	65.22	65.24	63.53	64.79	64.17	58.54

※単位は％。
※表 10 は、総務省ウェブサイト「参議院議員通常選挙における年代別投票率（抽出）の推移」に基づいて、筆者が作成した。

表 11　第 39 回〜第 47 回衆議院議員総選挙の世代別投票率

区　分	第39回	第40回	第41回	第42回	第43回	第44回	第45回	第46回	第47回
20〜29歳	57.76	47.46	36.42	38.35	35.62	46.20	49.45	37.89	32.58
30〜39歳	75.97	68.46	57.49	56.82	50.72	59.79	63.87	50.10	42.09
40〜49歳	81.44	74.48	65.46	68.13	64.72	71.94	72.63	59.38	49.98
50〜59歳	84.85	79.34	70.61	71.98	70.01	77.86	79.69	68.02	60.07
60〜69歳	87.21	83.38	77.25	79.23	77.89	83.08	84.15	74.93	68.28
70歳以上	73.21	71.61	66.88	69.28	67.78	69.48	71.06	63.30	59.46

※単位は％。
※表 11 は、総務省ウェブサイト「衆議院議員総選挙における年代別投票率（抽出）の推移」に基づいて、筆者が作成した。

ていても、同様の状況だった。以下、そのことについて述べる。

　さきほど述べたように、その選挙の際、15 〜 19 歳の日本人人口は 5977（千人）だった。

　そして、当たり前のことだが、15 〜 19 歳に含まれるのは、15 歳・16 歳・17 歳・18 歳・19 歳だ。そのため、単純計算すると、18 〜 19 歳の日本人人口は、15 〜 19 歳の日本人人口の 40% だ（2 ÷ 5 × 100 ＝ 40）。だから、18 〜 19 歳の日本人人口は、5977 × 40% ＝ 2391（千人）だ。

　18 〜 39 歳の日本人人口は、18 〜 19 歳の日本人人口と 20 〜 39 歳の日本人人口を足したものなので、2391 ＋ 29232 ＝ 31623（千人）だ。

　その日本人人口は、40 〜 59 歳の日本人人口 32995（千人）よりも、60 歳以上の日本人人口 41244（千人）よりも、少ない。

　そのため、仮に、その選挙の際、選挙権年齢が「18 歳以上」になっていても、18 〜 39 歳の投票率が、40 〜 59 歳の投票率より高くないと、18 〜 39 歳と 40 〜 59 歳の投票者数の参考値は同じにならなかった。また、18 〜 39 歳の投票率が、60 歳以上の投票率より高くないと、18 〜 39 歳と 60 歳以上の投票者数の参考値は同じにならなかった。

　20 〜 39 歳に関して述べたことと同様なので、簡単にいうと、18 〜 39 歳の投票率が 58.80% だったら、18 〜 39 歳と 40 〜 59 歳の投票者数の参考値が同じ 18594（千人）になっていた（18594 ÷ 31623 × 100 ＝ 58.80）。また、18 〜 39 歳の投票率が 82.07% だったら、18 〜 39 歳と 60 歳以上の投票者数の参考値が同じ 25952（千人）になっていた（25952 ÷ 31623 × 100 ＝ 82.07）。

　その選挙の際、選挙権年齢が「18 歳以上」になっていたら、

3. 18歳・19歳は、いつ、どのような判断をするか？

そういう状況になっていただろうか（表10参照）。
　さて、以上では、投票者数の参考値に関して述べてきた。
　そして、その中で、日本人人口・投票率に関しても述べた。
　ただ、それだけでは不十分なので、以下、日本人人口・投票率に関して詳細に述べる。

35

4.
18歳選挙権に対する期待と、残される課題

> キーワード☞ 日本人人口、有権者数、世代間格差、
> 0歳選挙権、代理投票

1 世代別・男女別日本人人口と少子化問題

18歳・19歳の日本人人口

まず、日本人人口に関して述べる（本章では、特に断りのある場合を除き、有権者数・日本人人口に限った観点から述べている）。

『3. 18歳・19歳は、いつ、どのような判断をするか？』では、2013年7月の第23回参議院議員通常選挙について述べていたので、2013年7月1日現在の日本人人口に注目していた。

ただ、ここからは、その選挙について述べるわけではない。

だから、それに注目する必要がない。

そこで、ここからは、より新しいデータに注目する。

37

具体的には、2014年9月1日現在の日本人人口に注目する。それを示したものが表12だ。*27

　以下、表12に基づいて、話を進める。

　なお、もちろん、時間とともに、日本人人口は変動する。例えば、2014年9月1日現在と2016年7月1日現在で、日本人人口は違う。しかし、それをいちいち気にしていたら話を進められないので、表12、すなわち、2014年9月1日現在の日本人人口に基づいて話を進める。

　表12を見ると、次のことがわかる。

　日本人人口（千人）は、「0～19歳」22028、「20～39歳」28311、「40～59歳」33355、「60歳以上」41751だ〔さきほど、表9で、2013年7月1日現在の日本人人口を示した。その日本人人口（千人）は、「20～39歳」29232、「40～59歳」32995、「60歳以上」41244だ。2013年7月1日現在と2014年9月1日現在の日本人人口を比較すると、その間に、20～39歳の日本人人口が減少し、40～59歳、60歳以上の日本人人口が増加したことがわかる。20～39歳の日本人人口は、その間だけで、921（千人）減少した（29232 － 28311 ＝ 921）〕。

　また、39歳以下の各世代を、日本人人口が多い順に並べると、①35～39歳、②30～34歳、③25～29歳、④20～24歳、⑤15～19歳、⑥10～14歳、⑦5～9歳、⑧0～4歳だ。若い世代ほど、日本人人口が少ない。今回、18歳・19歳が新たに有権者になるわけだが、18歳・19歳が含まれる15～19歳の日本人人口は少ない。日本人人口（千人）は、35～39歳が8544で、15～19歳は5933だ。それをふまえると、18歳・19歳の日本人人口がとても少ないことは、容易にわかるだろう。

4. 18歳選挙権に対する期待と、残される課題

表12　世代別日本人人口・男女別日本人人口

区　　分	日本人人口	日本人人口	男性の日本人人口	女性の日本人人口
0〜4 歳	5155		2643	2513
5〜9 歳	5266		2695	2571
10〜14 歳	5674	22028	2907	2767
15〜19 歳	5933		3039	2895
20〜24 歳	5991		3077	2914
25〜29 歳	6484		3314	3170
30〜34 歳	7292	28311	3710	3583
35〜39 歳	8544		4344	4200
40〜44 歳	9627		4888	4739
45〜49 歳	8466		4272	4193
50〜54 歳	7672	33355	3851	3821
55〜59 歳	7590		3775	3816
60〜64 歳	8979		4407	4572
65〜69 歳	9057		4366	4691
70〜74 歳	7881		3668	4213
75〜79 歳	6238	41751	2754	3484
80〜84 歳	4844		1933	2911
85 歳以上	4752		1403	3349
合　　計	125445	125445	61045	64400

※単位は千人。
※表12は、総務省統計局『人口推計―平成27年2月報―』（2015年）の2014年9月1日現在の日本人人口（確定値）に基づいて、筆者が作成した。

以上のような状況だから、少子化問題が注目されることになる。

また、日本人人口は、女性の方が男性より多い。20歳以上に限定しても、18歳以上に限定しても、女性の方が男性より多い。

ただ、全ての世代で、女性の方が男性より多い、というわけではない。

男性の方が多い世代もある。

女性の方が多い世代は、55歳以上の各世代。

男性の方が多い世代は、54歳以下の各世代。

もちろん、18歳・19歳が含まれる15〜19歳も、男性の方が多い。

🗋 男女で異なる賛否の傾向と集団的自衛権行使容認

なお、ある政策に対する賛否の傾向が、男女で異なることがある。例えば、2014年7月のNHKの世論調査によると、安倍晋三内閣による集団的自衛権行使容認の閣議決定を「評価する」「評価しない」の割合は、次のとおりだ。男性は、「評価する」50%、「評価しない」46%。女性は、「評価する」29%、「評価しない」63%。[28]男性は「評価する」が「評価しない」より多いが、女性は「評価しない」が「評価する」より多い。

そのため、政党等が、選挙運動・政治活動をするにあたっては、ある政策に対する男女別の賛否や、各世代の男女別日本人人口を、念頭に置いておくのが望ましい。なお、公職選挙法における「選挙運動」とは、「特定の選挙について、特定の候補者の当選を目的として、投票を得又は得させるために直接又は間接に必要かつ有利な行為」のことだ。また、公職選挙法における「政治活動」とは、「政治上の目的で行われる諸行為から、選挙運動にわたる行為を除外した一切の行為」のことだ。[29]

2 世代間格差と政党・候補者の利益

利益を得る世代・不利益を受ける世代は、どのような世代か？

さて、政党は、政治上の主義・主張の実現を目的とする団体だ。現実問題として、政党がそれを実現するためには、国会における議席を増加させることが重要だ、そして、そのためには獲得票数を増加させた方が良い[*30]。

また、候補者は当選を目的にしている。その目的を達成するためには、獲得票数を増加させた方が良い。

つまり、政党・候補者は、獲得票数を増加させた方が良い。

獲得票数の増加が、政党・候補者の利益だ。

そのため、政党・候補者にとって、有権者数が多い世代は、選挙の際の貴重な集票源だ。政党・候補者が、獲得票数の増加という自己の利益を最大化するために合理的選択をすると、有権者数が多い世代が望む政策を、優先的に採用することになる（簡単にいうと、政党・候補者は、有権者数が少ない世代が望む政策を採用するより、有権者数が多い世代が望む政策を採用した方が、効率的に票を獲得することができる。そこで、政党・候補者は、後者を優先的に採用することになる）。

その結果、有権者数が多い世代は利益を得て、有権者数が少ない世代は不利益を受けることになる。選挙の際に採用・主張した政策を、選挙後に、政党・政治家が実行するのは、普通のことだ（もちろん、それが望ましいか否かは別問題だ。選挙の際、国民は、政党・候補者に投票し、特定の政策に対する賛否を示すわけではない。そのため、例えば、政策 α・政策 β・政策 γ を主張している政党 A に国民

が投票するとき、政策 α・政策 β・政策 γ 全てに賛成して政党 A に投票することもあるし、政策 α だけに賛成して政党 A に投票することもある。だから、政党 A が選挙に勝利して政権を獲得した場合でも、国民が政策 α・政策 β・政策 γ 全てに賛成しているとは限らない。例えば、その場合に、国民が政策 α・政策 β には賛成しているが、政策 γ には反対しているということも考えられる。そのような場合に、政府が政策 γ を実行するのは、望ましいのだろうか、望ましくないのだろうか。人によって考え方が違うだろう）。

🗋 1 億円の格差

　以上のことに関して、2015 年 2 月、日本経済新聞が次の報道をした。「選挙権年齢引き下げで焦点となるのが現世代と将来世代の格差是正だ。少子高齢化が進む日本ではもともと高齢者の割合が高い。選挙に勝つことが重要課題の政治家は、どうしても有権者が多い世代を意識する。医療・介護での高齢者負担の引き上げや、年金などの社会保障給付の削減は高齢世代には不人気の政策だ。政治は痛みが伴う増税にも及び腰になりがちで、負担が見えにくい国債発行などで若年層にツケを回してきた。『少子高齢化の人口構造が政策のゆがみにつながった』との声は多い[*31]」。

　その報道は、世代間格差に関するものだ。

　ここで、それに関して、具体的にどういう指摘がされてきたかということを、補足しておく。

　まず、内閣府『平成 17 年度年次経済財政報告』には次の記載がある。「生まれ年別に分けた各世代の生涯にわたる社会保障給付や行政サービス等の政府部門からの受益総額と税・社会保障負担等の政府部門に対する負担総額の関係をみる世代会計の手法を

用いて、仮に現行の制度が維持されると仮定した上で、医療費が経済成長率と同程度で増加する場合についてみると、例えば2003年度時点で60歳以上の世代は生涯でみて約4,900万円の受益超となるのに対し、同時点で20歳代の世代は約1,700万円の負担超となるものと試算される[*32]」。

　内閣府『平成17年度年次経済財政報告』のデータに基づいて、より具体的にいうと、60歳以上（1943年以前生まれ）は4875万円の受益超、50〜59歳（1944〜1953年生まれ）は1598万円の受益超、40〜49歳（1954〜1963年生まれ）は28万円の負担超、30〜39歳（1964〜1973年生まれ）は1202万円の負担超、20〜29歳（1974〜1983年生まれ）は1660万円の負担超、20歳未満の将来世代は4585万円の負担超だ。20歳未満の将来世代の負担超は、とても大きい額になっている。そして、60歳以上と20〜29歳の差は6535万円だ［4875 −（− 1660）＝ 6535］。また、60歳以上と20歳未満の将来世代の差は9460万円もあり、1億円近い差だ［4875 −（− 4585）＝ 9460］[*33]。

　また、2011年3月8日、第177回国会衆議院厚生労働委員会で、大塚耕平厚生労働副大臣（当時）は次の答弁をした。「今どこの世代が一番負担しているか、あるいは、若い世代が一体年金がこれからもつのかという御懸念を持っているという、先生の御指摘と大いに関係をしておりますけれども、世代会計で世代間の負担と受益を比較すると、大体四十歳ぐらいを境に、それより若い世代は、生涯の世代会計計算をすると、受益よりも負担の方が大きいという形の傾向が顕著に出ております」。

3 選挙権年齢によって、各世代の利益・不利益はどうなるか？

選挙権年齢「20歳以上」の場合の利益・不利益

　以上のように、有権者数が多い世代は利益を得て、有権者数が少ない世代は不利益を受ける。

　では、選挙権年齢「20歳以上」の場合、各世代の利益・不利益はどうなるのだろうか。

　日本人人口（千人）は、「0～19歳」22028、「20～39歳」28311、「40～59歳」33355、「60歳以上」41751だ（表12）。

　そして、選挙権を認められていない世代が0～19歳、選挙権を認められている世代が20～39歳、40～59歳、60歳以上だ。

　以下、選挙権を認められている世代と、選挙権を認められていない世代に分けて述べる。

　まず、選挙権を認められている世代に関して。

　さきほど述べたように、選挙権を認められている世代に関しては、各世代の日本人人口は、各世代の有権者数の参考値だ。そのため、「有権者数が多い世代は利益を得て、有権者数が少ない世代は不利益を受ける」を、次のように変換できる。「日本人人口が多い世代は利益を得て、日本人人口が少ない世代は不利益を受ける」。

　そして、選挙権を認められている世代の日本人人口（千人）は、「20～39歳」28311、「40～59歳」33355、「60歳以上」41751だ。そのため、選挙権を認められている世代を日本人人口が多い順に並べると、①60歳以上、②40～59歳、③20～39歳だ。60歳以上は高年層、40～59歳は中年層、20～39歳は若年層。そのため、

44

そのような状況だと、20 〜 39 歳、若年層は不利益を受ける。逆に、最も利益を得るのは、60 歳以上、高年層だ。

次に、選挙権を認められていない世代に関して。

0 〜 19 歳は選挙権を認められていない世代なので、有権者数は 0 人だ。0 〜 19 歳の有権者数は、他の世代よりはるかに少ないので、0 〜 19 歳は大きな不利益を受ける。

以上のことをふまえ、政治的立場が有利な順に各世代を並べると、① 60 歳以上、② 40 〜 59 歳、③ 20 〜 39 歳、④ 0 〜 19 歳だ。

選挙権年齢「18 歳以上」の場合の利益・不利益

では、選挙権年齢「18 歳以上」の場合、各世代の利益・不利益はどうなるのだろうか。

18 〜 19 歳が含まれる 15 〜 19 歳の日本人人口は 5933（千人）だ（表 12）。そして、さきほど述べたように、単純計算すると、18 〜 19 歳の日本人人口は、15 〜 19 歳の日本人人口の 40% だ。だから、18 〜 19 歳の日本人人口は、5933 × 40% = 2373（千人）だ。

そして、18 〜 39 歳の日本人人口は、18 〜 19 歳の日本人人口と 20 〜 39 歳の日本人人口を足したものなので、2373 + 28311 = 30684（千人）だ。

また、0 〜 17 歳の日本人人口は、0 〜 19 歳の日本人人口から 18 〜 19 歳の日本人人口を引いたものなので、22028 − 2373 = 19655（千人）だ。

そのため、日本人人口（千人）は、「0 〜 17 歳」19655、「18 〜 39 歳」30684、「40 〜 59 歳」33355、「60 歳以上」41751 だ（表 12 参照）。

そして、選挙権を認められていない世代が 0 〜 17 歳、選挙権を認められている世代が 18 〜 39 歳、40 〜 59 歳、60 歳以上だ。

以下、選挙権を認められている世代と、選挙権を認められていない世代に分けて述べる。

　まず、選挙権を認められている世代に関して。

　さきほど述べたように、日本人人口が多い世代は利益を得て、日本人人口が少ない世代は不利益を受ける。そして、選挙権を認められている世代の日本人人口（千人）は、「18 ～ 39 歳」30684、「40 ～ 59 歳」33355、「60 歳以上」41751 だ。そのような状況だと、最も利益を得るのは、60 歳以上、高年層だ。逆に、不利益を受けるのは、18 ～ 39 歳、若年層だ。

　次に、選挙権を認められていない世代に関して。

　0 ～ 17 歳は選挙権を認められていない世代なので、有権者数は 0 人だ。0 ～ 17 歳の有権者数は、他の世代よりはるかに少ないので、0 ～ 17 歳は大きな不利益を受ける。

　以上のことをふまえ、政治的立場が有利な順に各世代を並べると、① 60 歳以上、② 40 ～ 59 歳、③ 18 ～ 39 歳、④ 0 ～ 17 歳だ。

　ここで、以上で述べた 18 ～ 19 歳、0 ～ 17 歳、18 ～ 39 歳等の日本人人口を示す。それが表 13 だ。

選挙権年齢を「15 歳以上」「8 歳以上」に引き下げると、どうなるか？

　以上のことからわかるように、選挙権年齢「20 歳以上」の場合も、選挙権年齢「18 歳以上」の場合も、若年層は不利益を受ける。選挙権年齢を「18 歳以上」に引き下げても、結局、不利益を受けるのは若年層だ。

　ちなみに、単純計算すると、選挙権年齢を「a 歳以上」に引き下げて、a ～ 39 歳の日本人人口を 40 ～ 59 歳の日本人人口より

表 13　世代別日本人人口

区　分	日本人人口	日本人人口	日本人人口	日本人人口	日本人人口
0〜17 歳		19655	19655		19655
18〜19 歳	22028	2373		50339	
20〜39 歳	28311	28311	30684		
40〜59 歳	33355	33355	33355	33355	105790
60 歳以上	41751	41751	41751	41751	
合　計	125445	125445	125445	125445	125445

※単位は千人。

多くするためには、$\alpha \leq 15$ にする必要がある。つまり、少なくとも、選挙権年齢を「15 歳以上」に引き下げる必要がある[34]。また、単純計算すると、選挙権年齢を「β 歳以上」に引き下げて、$\beta \sim$ 39 歳の日本人人口を 60 歳以上の日本人人口より多くするためには、$\beta \leq 8$ にする必要がある。つまり、少なくとも、選挙権年齢を「8 歳以上」に引き下げる必要がある[35]（表 12 参照）。

　以上で述べたことをふまえると、若年層の声を政治にしっかり反映させるために、あるいは、若年層が不利益を受けないようにするために、選挙権年齢を「18 歳以上」に引き下げても、「焼け石に水」といえる。そのような期待をしても、裏切られることになる。

　そのため、それらを目的として活動してきた人は、今後も、その目的を達成するための活動をすることになる。焼け石に水をかけて満足している大人は、普通はいない。

　なお、以上で述べたことは、あくまでも、2014 年 9 月 1 日現

在の日本人人口、表12 に基づいた話だ。少子高齢化が進んでい
くと、状況は大きく変化する。

4 選挙権の年齢要件

　0歳選挙権と代理投票

　また、以上で述べたように、選挙権を認められていない世代は、
大きな不利益を受ける。

　選挙権年齢を「18歳以上」に引き下げても、その問題は解決
しない。それをしても、選挙権を認められていない0～17歳は
大きな不利益を受け続ける。

　ということをふまえると、思い切って、選挙権の年齢要件をな
くしてしまったら良い、つまり、0歳の赤ちゃんにも選挙権を認
めたら良い、という考え方がでてくる。

　選挙権を認められていない世代が不利益を受ける理由は、以上
で述べてきたとおりだ。

　だから、そういう考え方がでてくるのは、当然だ。

　簡単にいうと、「選挙権を認められていないことを原因として、
大きな不利益を受けてしまうのだから、その問題を解決するため
には、選挙権を認めれば良い」ということだ。[36]

　ただ、もちろん、そうすると、選挙権を適切に行使することが
期待できない者にも、選挙権を認めることになる。最もわかりや
すい例をあげると、0歳の赤ちゃんに選挙権を認めても、0歳の
赤ちゃんは適切に選挙権を行使できないだろう。

　それに関しては、代理人による投票を認めれば良い。つまり、
0歳選挙権＋代理投票だ。

48

具体的にいうと、選挙権を 0 歳以上に認め、（ⅰ）本人が a 歳以上の場合は、本人が投票し、（ⅱ）本人が a 歳未満の場合は、代理人が投票する、という制度にすれば良い。例えば、0 歳の赤ちゃんに選挙権を認め、その 20 歳の親が代理で投票する、ということだ。なお、現実的には、 a ≧ 19 になるとは考えられない。なぜなら、今さら、18 歳が自分で投票できない制度が採用されるとは考えられないからだ。そこで、以下、この制度に関しては、a ≦ 18 として、話を進める。

もちろん、その制度には、様々な検討事項がある。例えば、①本人が何歳以上であれば、自分で投票できるのか（18 歳選挙権の年齢基準を参考にすると、本人が 18 歳以上の場合は本人が投票し、本人が 18 歳未満の場合は代理人が投票する、ということになるが、それで良いのか）、②代理人になれる者の範囲をどのように限定するのか、③実質的に、代理人に複数の票を与えることになるだけではないか、平等といえるのか、④国民投票・住民投票に関しても、0 歳以上に投票権を認め、代理人が投票することを認めるのか、等々、検討事項が山ほどある（以上で述べたことに関する議論は、国会でもされている）。[37]

🗋 0 歳選挙権＋代理投票の採用可能性は？

また、選挙権を認められている世代に関して、さきほど、次のことを述べた。「日本人人口が多い世代は利益を得て、日本人人口が少ない世代は不利益を受ける」。

そして、選挙権を認められている世代を、日本人人口が多い順に並べると、次のとおりだ（表13参照）。

まず、選挙権年齢「20 歳以上」の場合、各世代の順位と日本

49

人人口（千人）は、次のとおりだ。①「60歳以上」41751、②「40〜59歳」33355、③「20〜39歳」28311。要するに、順位は、①高年層、②中年層、③若年層だ。なお、20歳以上の日本人人口に占める割合（％）は、①「60歳以上」40.4、②「40〜59歳」32.3、③「20〜39歳」27.4だ。[*38]

　次に、選挙権年齢「18歳以上」の場合、各世代の順位と日本人人口（千人）は、次のとおりだ。①「60歳以上」41751、②「40〜59歳」33355、③「18〜39歳」30684。要するに、順位は、①高年層、②中年層、③若年層であり、選挙権年齢「20歳以上」の場合と同じだ。なお、18歳以上の日本人人口に占める割合（％）は、①「60歳以上」39.5、②「40〜59歳」31.5、③「18〜39歳」29.0だ。[*39]18歳以上の日本人人口に占める60歳以上、40〜59歳の割合は、それぞれ、20歳以上の日本人人口に占めるその割合より低いが、わずかに低いだけだ。

　そして、0歳選挙権＋代理投票の場合、各世代の順位と日本人人口（千人）は、次のとおりだ。①「60歳以上」41751、②「40〜59歳」33355、③「18〜39歳」30684、④「0〜17歳」19655。ただ、「0〜17歳」「18〜39歳」を一括りにして、「0〜39歳（39歳以下）」という若年層と考えると、各世代の順位と日本人人口（千人）は、次のようになる。①「0〜39歳」50339、②「60歳以上」41751、③「40〜59歳」33355。要するに、順位は、①若年層、②高年層、③中年層だ。選挙権年齢「20歳以上」「18歳以上」の場合と比較すると、高年層、中年層の政治的立場が不利になる。なお、0歳以上の日本人人口に占める割合（％）は、①「60歳以上」33.3、②「40〜59歳」26.6、③「18〜39歳」24.5、④「0〜17歳」15.7だ。[*40]0歳以上の日本人人口に占める60歳以上、40

～ 59 歳の割合は、それぞれ、20 歳以上の日本人人口、18 歳以上の日本人人口に占めるその割合より、かなり低い。

　また、選挙権を 0 歳以上に認め、（ⅰ）本人が a 歳以上の場合は、本人が投票し、（ⅱ）本人が a 歳未満の場合は、代理人が投票する、という制度を採用した場合、0 ～（$a-1$）歳の票を代理で投票するのが親の世代とすると、その票の多くを、a ～ 39 歳、40 ～ 59 歳が代理で投票することになる。[41]それは、60 歳以上、高年層の政治的立場の有利さが損なわれる可能性があることを意味する。代理で投票する票数も含め、投票する票数が多い世代ほど、その望む政策を、政党・候補者に優先的に採用してもらえる可能性がある（一応述べておくと、一つ前の段落では、各世代の日本人人口に注目し、この段落では、各世代の投票する票数に注目した。つまり、一つ前の段落とこの段落では、視点を変えて述べている）。

　以上のことをふまえると、「その制度（0 歳選挙権＋代理投票）が採用される可能性は、とても低いのではないか？」という疑問が生じることになる。

　「若年層・中年層・高年層の政治的立場に、実質的な変化を起こさない制度（18 歳選挙権）を採用することは、許容できる。しかし、それを起こす可能性がある制度（0 歳選挙権＋代理投票）を採用することは、許容できない」という人が少なからず存在することは、容易に想像できる。

5　未知の有権者は誰？ その割合は？

　そして、以上で述べたように、選挙権年齢「18 歳以上」の場合、選挙権を認められている世代の日本人人口（千人）は、「18 ～ 39

歳」30684、「40 〜 59 歳」33355、「60 歳以上」41751、「18 〜 19 歳」
2373 だ（表 13）。

　よって、18 歳以上の日本人人口は、30684 ＋ 33355 ＋ 41751 ＝
105790（千人）だ。

　そのため、18 歳以上の日本人人口に占める 18 〜 19 歳の割合
は 2.2% だ（2373 ÷ 105790 × 100 ＝ 2.2）。だから、単純計算すると、
18 歳・19 歳の割合は、それぞれ、2.2% ÷ 2 ＝ 1.1% ということ
になる*42。

　今後、少なくとも、18 歳・19 歳の有権者が初めて投票する総
選挙（衆議院議員総選挙・参議院議員通常選挙）までは、18 歳・19
歳の有権者が、特に 18 歳の有権者が、マスメディアでとても注
目されるだろう。

　ただ、18 歳・19 歳の割合は、その程度に過ぎない、ということだ。

　また、18 歳・19 歳の有権者は、10 代の有権者という意味では
新しい。

　ただ、選挙権年齢「20 歳以上」のときから、有権者の中には、
若年層の大学生・専門学校生・社会人等が多数存在していた。つ
まり、政党等は、従来から、そのような有権者を相手にして、選
挙運動・政治活動をしていた。

　18 歳・19 歳の中にある程度存在し、かつ、政党等にとって未
知の有権者は、限られており、18 歳以上の日本人人口に占める
その割合は、当然、とても低い。

6 国レベル・選挙区レベルの世代別日本人人口

　なお、以上では、便宜上、日本（国レベル）の世代別日本人人口に関して述べてきた。

　ただ、国政選挙・地方選挙を問わず、選挙の際、重要なのは、各選挙区（選挙区レベル）の世代別日本人人口だ。

　例えば、衆議院議員選挙の東京都第1区で戦う場合、重要なのは、東京都第1区の世代別日本人人口であり、日本の世代別日本人人口ではない。また、参議院議員選挙の三重県選挙区で戦う場合、重要なのは、三重県の世代別日本人人口であり、日本の世代別日本人人口ではない。もちろん、参議院議員比例代表選挙は全国にわたって実施されるので、その選挙で戦う場合は、全国（日本）の世代別日本人人口が重要だ。

　世代別日本人人口の傾向は、日本全国で同じというわけではない。同一都道府県内でも、各市町村によって異なるし、大きく異なる場合もある。そのため、各選挙区の世代別日本人人口をふまえて、選挙で戦うことが重要だ。

　選挙の際、各選挙区の世代別日本人人口が知りたい場合は、総務省ウェブサイト「住民基本台帳に基づく人口、人口動態及び世帯数」に掲載されている、『【日本人住民】住民基本台帳年齢階級別人口（都道府県別）』『【日本人住民】住民基本台帳年齢階級別人口（市区町村別)』が参考になる。

キーワード☞世代別投票率、シルバーデモクラシー、
男女別投票率、投票によって得られる満足、投票者数の参考値

1 若年層の投票率と中年層・高年層の投票率

　次に、投票率に関して述べる(本章では、特に断りのある場合を除き、投票率に限った観点から述べている。なお、選挙権年齢の「18歳以上」への引き下げに関しては、若年層の投票率が注目されている[*43]。さきほど示した2015年1月の朝日新聞の世論調査でも、それに関する質問がされていた)。

　具体的には、(ⅰ)投票参加に関する見解、(ⅱ)20歳・21歳・22歳・23歳・24歳の投票率に注目し、それに関して述べる。

　なお、若年層の投票率に限定して述べないのは、それに限定してしまうと、問題が生じるからだ。例えば、近年、若年層の低投

55

票率が問題視されているが[44]、若年層・中年層・高年層の投票率を比較して、初めて、それについてきちんと述べられる。そのような比較をしないと、すなわち、若年層の投票率だけを見ても、そもそも、若年層の投票率が本当に低いといえるのか、また、それを問題視すべきなのか、わからない。若年層の投票率が30.00%でも、40.00%でも、中年層・高年層の投票率が5.00%なら、若年層の投票率が低いとはいい難いし、投票率の低さを問題視されるべきは若年層ではない。若年層の投票率が30.00%、40.00%で、中年層・高年層の投票率が50.00%なら、若年層の投票率が低いといえる。

2 投票参加に関する見解と集票源としての価値

社会経済的地位・年齢と投票参加の関係は？

（ⅰ）投票参加に関する見解に注目して述べる。

　一般に、欧米では、学歴・職業・所得等によって決定される社会経済的地位が高いほど、投票参加の可能性が高くなるといわれている。しかし、日本では、社会経済的地位と投票参加の間に、明確な関連は見られない。ただ、日本では、投票参加に対する年齢の影響が顕著であり、20～65歳は年齢が高くなるほど投票への参加が高まるが、70歳を過ぎると低下するといわれている。その理由としてあげられているのは、次の①②だ。①65歳までは、加齢が社会的な交換関係への関わりを深め、政治への関心・投票への義務感を高めることにつながるが、②70歳を過ぎると、そのような社会関係から切り離され、身体的エネルギーも低下する[45]。

5. 18歳・19歳の投票率を予測する

そして、その理由をふまえると、70歳を過ぎても、投票への参加が低下しなくなる可能性がある。例えば、70歳を過ぎても投票への参加は低下しないが、80歳を過ぎると、投票への参加が低下する、という状況になる可能性がある。なぜなら、理由①②に関して、変化が生じる可能性があるからだ。例えば、理由②に関しては、70歳を過ぎても、身体的エネルギーがあまり低下しなくなる可能性がある（身体的エネルギーが、投票への参加に影響を与えるほどは、低下しなくなる可能性がある）。医療は日々進歩しているし、国・民間は協力して、国民の健康寿命の延伸に取り組んでいる。[46]

以上をふまえ、ここで、近年の衆議院議員総選挙・参議院議員通常選挙における世代別投票率を示す。それが表14だ。具体的には、2007年の第21回参議院議員通常選挙、2009年の第45回衆議院議員総選挙、2010年の第22回参議院議員通常選挙、2012年の第46回衆議院議員総選挙、2013年の第23回参議院議員通常選挙、2014年の第47回衆議院議員総選挙における世代別投票率を示す。第23回参議院議員通常選挙が最近の参議院議員通常選挙であり、第47回衆議院議員総選挙が最近の衆議院議員総選挙だ。

表14を見ると、世代別投票率に関して、次のことがわかる。

まず、第21回・第22回参議院議員通常選挙、第45回・第46回衆議院議員総選挙では、投票率は、20～24歳が最も低く、加齢とともに上昇し、65～69歳でピークをむかえ、あとは加齢とともに低下している。それに対し、第23回参議院議員通常選挙、第47回衆議院議員総選挙では、投票率は、20～24歳が最も低く、加齢とともに上昇し、70～74歳でピークをむかえ、あとは加齢

57

表 14　衆議院議員総選挙・参議院議員通常選挙における世代別投票率

区　分	第21回 参議院 議員 通常選挙	第45回 衆議院 議員 総選挙	第22回 参議院 議員 通常選挙	第46回 衆議院 議員 総選挙	第23回 参議院 議員 通常選挙	第47回 衆議院 議員 総選挙
20〜24歳	32.82	46.66	33.68	35.30	31.18	29.72
25〜29歳	38.93	52.13	38.49	40.25	35.41	35.32
30〜34歳	46.02	61.15	45.93	47.07	40.93	39.74
35〜39歳	52.06	66.29	51.21	52.64	46.18	44.15
40〜44歳	58.08	70.37	56.15	56.69	48.90	47.44
45〜49歳	63.28	75.03	61.67	62.47	54.86	52.81
50〜54歳	67.94	78.87	65.84	66.68	60.31	58.12
55〜59歳	70.46	80.38	69.54	69.27	63.19	61.98
60〜64歳	74.67	83.36	73.82	73.17	65.51	66.43
65〜69歳	77.72	85.04	78.45	77.15	69.98	70.11
70〜74歳	75.61	83.34	76.85	76.47	70.94	72.16
75〜79歳	71.37	77.68	70.89	71.02	66.43	67.36
80歳以上	49.88	56.10	49.34	48.08	44.75	44.89

※単位は%。
※表 14 は、総務省選挙部『第 45 回衆議院議員総選挙における年齢別投票状況』（2009 年）1 頁、総務省選挙部『第 46 回衆議院議員総選挙における年齢別投票状況』（2013 年）1 頁、総務省選挙部『第 47 回衆議院議員総選挙における年齢別投票状況』（2015 年）1 頁、総務省選挙部『第 22 回参議院議員通常選挙における年齢別投票状況』（2010 年）1 頁、総務省選挙部『第 23 回参議院議員通常選挙における年齢別投票状況』（2013 年）1 頁に基づいて、筆者が作成した。2015 年 6 月 17 日の時点で、公表されている最新の『年齢別投票状況』は、第 47 回衆議院議員総選挙のものだ。

5. 18歳・19歳の投票率を予測する

とともに低下している。今後の参議院議員通常選挙・衆議院議員総選挙では、70歳を過ぎても投票への参加が低下せず、投票率のピークが70〜74歳になるのかもしれない（第23回参議院議員通常選挙、第47回衆議院議員総選挙で、投票率のピークが70〜74歳だったというだけでは、断定はできない。ただ、さきほど述べた投票参加と年齢に関することをふまえると、そうなる可能性は十分ある。そして、もちろん、将来、さらに高齢で、例えば75〜79歳で、投票率のピークをむかえるようになる可能性もある。なお、地方選挙に関しては、2012年以前から、投票率のピークが70〜74歳だった選挙がある)[*47]。

　また、投票率が高い世代と低い世代の間には、投票率の顕著な差がある。第21回・第22回・第23回参議院議員通常選挙、第46回・第47回衆議院議員総選挙では、最も投票率が高い世代の投票率が、最も低い世代の投票率の2.00倍を超えている。その倍率が特に高い第47回衆議院議員総選挙では、最も高い世代（70〜74歳）の投票率が、最も低い世代（20〜24歳）の投票率の2.43倍だ（72.16 ÷ 29.72 = 2.43）。ちなみに、第47回衆議院議員総選挙では、最も低い世代（20〜24歳）の投票率の2.00倍を超える投票率をだした世代が5つあった。その5つの世代を具体的にいうと、55〜59歳、60〜64歳、65〜69歳、70〜74歳、75〜79歳だ［なお、第45回衆議院議員総選挙では、最も高い世代（65〜69歳）の投票率が、最も低い世代（20〜24歳）の投票率の2.00倍を超えていないが、その倍率は1.82倍であり、やはり、顕著な差がある（85.04 ÷ 46.66 = 1.82）］。

　そして、投票率が低い世代を5つあげると、第21回・第22回・第23回参議院議員通常選挙、第45回・第46回・第47回衆

議院議員総選挙の全てで、20～24歳、25～29歳、30～34歳、35～39歳、80歳以上だ。また、その全てで、20～24歳は最も投票率が低く、25～29歳は2番目に投票率が低い。特に、第47回衆議院議員総選挙では、20～24歳の投票率が、30.00％未満（29.72％）になっている。そういう状況だから、若年層の低投票率が注目されることになる（表10、表11にも表れているが、若年層の投票率が低いのは、今に始まったことではない）。

ネット選挙（インターネット選挙運動）が解禁された第23回参議院議員通常選挙の際には、ネット選挙解禁を理由として、若年層の投票率の上昇を期待する声もあった。しかし、以上で述べたことをふまえると、案の定、その期待は裏切られてしまったようだ（もちろん、様々な要因が投票率に影響している）。ネット選挙解禁前から、インターネット政治活動は行えたし、実際に行われていた（ネット選挙とインターネット政治活動は違うものだ。公職選挙法における「選挙運動」「政治活動」については、さきほど述べた）。そのため、ネット選挙解禁だけで、若年層の投票率が目に見えて上昇する、とは現実的には考えられなかった。ネット選挙を行えるのは選挙運動期間中だけ、ということをふまえると、なおさらだ。政党等のインターネットを使った活動によって、若年層が政治に関心を持ち、その投票率が上昇するなら、ネット選挙解禁当時、すでに上昇していただろう[49]。

なお、さきほど述べた投票参加と年齢に関することをふまえると、今後、80歳以上の投票率が、40～44歳の投票率より、高くなる可能性がある[50]。例えば、80歳以上の身体的エネルギーがあまり低下しなくなり、それを理由として、その投票率があまり低くならず、結果として、80歳以上の投票率が、40～44歳の投票

率より、高くなる可能性がある。

　ちなみに、世代別投票率の高低が逆転した前例はある。

　ここでは、衆議院議員総選挙に関する前例を1つだけ示しておく。

　1967年の第31回衆議院議員総選挙から1980年の第36回衆議院議員総選挙までは、30〜39歳の投票率が70歳以上の投票率より高かった。特に、第31回衆議院議員総選挙の際、投票率は、「30〜39歳」77.88%、「70歳以上」56.83%であり、30〜39歳の投票率が21.05%も高かった（77.88 − 56.83 = 21.05）。しかし、1983年の第37回衆議院議員総選挙、1986年の第38回衆議院議員総選挙では、逆転し、70歳以上の投票率が30〜39歳の投票率より高かった。1990年の第39回衆議院議員総選挙では、再び逆転し、30〜39歳の投票率が70歳以上の投票率より高かった。ただ、30〜39歳の投票率が70歳以上の投票率より高かったのは、それが最後であり、1993年の第40回衆議院議員総選挙以降は、70歳以上の投票率が30〜39歳の投票率より高い。特に、第47回衆議院議員総選挙の際、投票率は、「30〜39歳」42.09%、「70歳以上」59.46%であり、70歳以上の投票率が17.37%も高かった（59.46 − 42.09 = 17.37）。そのようなことになっている最大の理由は、30〜39歳の投票率が大きく低下したことだ。[*51]

　なお、ここで述べたことをふまえると、今後、40〜44歳の投票率の大幅な低下を理由として、80歳以上の投票率が、40〜44歳の投票率より、高くなる可能性がある。

🗒 集票源としての価値が高いのは、どのような世代か？

というように、若年層の投票率は低い。

そして、政党・候補者にとって、投票率が高い世代は、選挙の際の貴重な集票源だ。

だから、政党・候補者が、獲得票数の増加という自己の利益を最大化するために合理的選択をすると、投票率が高い世代が望む政策を、優先的に採用することになる（簡単にいうと、政党・候補者は、投票率が低い世代が望む政策を採用するより、投票率が高い世代が望む政策を採用した方が、効率的に票を獲得することができる。そこで、政党・候補者は、後者を優先的に採用することになる）。

その結果、投票率が高い世代は利益を得て、投票率が低い世代は不利益を受けることになる（さきほど、『4. 18歳選挙権に対する期待と、残される課題』で、次のことを述べた。「有権者数が多い世代は利益を得て、有権者数が少ない世代は不利益を受ける」。ここでは、違う観点から述べているが、考え方は同様だ）。

以上のことに関して、2015年3月、愛媛新聞が次の報道をした。「70年ぶりとなる引き下げを機に、若年層の政治参加を促し、選挙の投票率アップを目指したい。（中略）投票率が低い若者の意見は軽視されがちで、それが政治に対する一層の関心低下を招く悪循環につながったという指摘もある」[*52]。また、2015年6月2日、第189回国会衆議院政治倫理の確立及び公職選挙法改正に関する特別委員会で、船田元衆議院議員は次の発言をした。「よくシルバーデモクラシーと言われるように、お年寄りの投票率が非常に高いということも背景にありまして、我々自民党もそうですけれども、各政党が、どちらかというと若者よりは年齢がいった方々に対する政策がどうしても中心になってしまう」。

5. 18歳・19歳の投票率を予測する

🗋 大きな不利益を受ける世代は、どの世代か？

以上で述べたことをふまえると、次のことがいえる。

まず、投票率が低い世代である若年層は、投票率が低いことを原因として、不利益を受ける。特に、若年層の中でも投票率が低い20〜24歳が受ける不利益は、大きい。選挙権年齢が「18歳以上」に引き下げられた後、18〜19歳の投票率が低ければ、それを原因として、18〜19歳は不利益を受けることになる。

また、70歳を過ぎても投票への参加が低下しなくなり、高年層の投票率がより高くなった場合、高年層は利益を得る、すなわち、高年層が望む政策が、政党・候補者に優先的に採用されやすくなる。若年層・中年層がそれに対抗するためには、自らの投票率を高くする必要がある。

🗋 18〜19歳の投票率は、
　　20〜24歳の投票率より低くなるか？

なお、表14に基づくと、近年の衆議院議員総選挙・参議院議員通常選挙における世代別投票率のパターンは、次の①②のどちらかだ。① 65〜69歳が投票率のピークであり、65〜69歳より若い世代では、若い世代ほど投票率が低く、また、65〜69歳より高齢の世代では、高齢の世代ほど投票率が低い、② 70〜74歳が投票率のピークであり、70〜74歳より若い世代では、若い世代ほど投票率が低く、また、70〜74歳より高齢の世代では、高齢の世代ほど投票率が低い。第21回・第22回参議院議員通常選挙、第45回・第46回衆議院議員総選挙における世代別投票率がパターン①、第23回参議院議員通常選挙、第47回衆議院議員総選挙における世代別投票率がパターン②だ。

63

選挙権年齢が「18歳以上」に引き下げられた後、パターン①②が18〜19歳の投票率にも当てはまると、20〜24歳より若い世代である18〜19歳の投票率は、20〜24歳の投票率より低くなる[53]。

18〜19歳の投票率は、20〜24歳の投票率より、さらに低くなるのだろうか。

🗐 18〜19歳の投票率が高いのは、男性か？ 女性か？

以上で述べたように、若年層の投票率は低い。

そして、男女別で見た場合、第21回・第22回・第23回参議院議員通常選挙、第45回・第46回・第47回衆議院議員総選挙の全てで、若年層の投票率は、男性の方が低い。また、その全てで、投票率が最も低いのは、20〜24歳の男性だ。さきほど述べたように、第47回衆議院議員総選挙の際、20〜24歳の投票率は30.00%未満だった。ただ、その選挙の際も、20〜24歳の女性の投票率は30.00%を超えていた。しかし、20〜24歳の男性の投票率が低かったため、とても低かったため、20〜24歳の投票率が30.00%未満になった。

以上で述べたことをふまえると、低投票率を問題視する場合、最も問題視されるべきは、20〜24歳の男性ということになる。

ここで、以上で述べたことと関係するので、近年の衆議院議員総選挙・参議院議員通常選挙における男女別投票率を示す。第21回・第22回・第23回参議院議員通常選挙における男女別投票率が、表15だ。また、第45回・第46回・第47回衆議院議員総選挙における男女別投票率が、表16だ。

表15、表16を見ると、以上で述べてきたことがよくわかるだ

5. 18歳・19歳の投票率を予測する

表15 参議院議員通常選挙における男女別投票率

区　分	第21回参議院議員通常選挙			第22回参議院議員通常選挙			第23回参議院議員通常選挙		
	男性	女性	計	男性	女性	計	男性	女性	計
20～24歳	30.50	35.19	32.82	31.94	35.47	33.68	30.23	32.19	31.18
25～29歳	36.53	41.43	38.93	36.57	40.47	38.49	34.39	36.54	35.41
30～34歳	44.23	47.90	46.02	44.12	47.78	45.93	39.71	42.16	40.93
35～39歳	51.01	53.13	52.06	50.10	52.35	51.21	45.42	46.95	46.18
40～44歳	57.08	59.07	58.08	55.09	57.22	56.15	48.39	49.42	48.90
45～49歳	62.32	64.26	63.28	60.80	62.54	61.67	54.28	55.44	54.86
50～54歳	67.16	68.73	67.94	65.16	66.52	65.84	59.57	61.05	60.31
55～59歳	70.22	70.69	70.46	69.03	70.04	69.54	63.26	63.12	63.19
60～64歳	75.17	74.20	74.67	74.18	73.48	73.82	65.82	65.22	65.51
65～69歳	78.83	76.73	77.72	80.19	76.89	78.45	71.13	68.92	69.98
70～74歳	78.89	72.96	75.61	79.66	74.44	76.85	72.67	69.47	70.94
75～79歳	76.28	67.83	71.37	75.96	67.04	70.89	70.83	63.14	66.43
80歳以上	62.83	43.61	49.88	62.86	42.51	49.34	57.67	38.28	44.75

※単位は％。
※表15は、総務省選挙部『第22回参議院議員通常選挙における年齢別投票状況』
（2010年）1頁、総務省選挙部『第23回参議院議員通常選挙における年齢別投票
状況』（2013年）1頁に基づいて、筆者が作成した。

ろう。すなわち、若年層の投票率は男性の方が低い（女性の方が
高い）ということがよくわかるだろう。また、高年層の投票率は
男性の方が高いということも、わかるだろう。特に、80歳以上
では、男性の投票率が、女性の投票率より、かなり高い。

　近年の衆議院議員総選挙・参議院議員通常選挙における男女の
投票率の高低について、簡単にまとめておくと、以下のとおりだ。

65

表 16　衆議院議員総選挙における男女別投票率

区　分	第 45 回衆議院議員総選挙			第 46 回衆議院議員総選挙			第 47 回衆議院議員総選挙		
	男性	女性	計	男性	女性	計	男性	女性	計
20〜24 歳	44.94	48.55	46.66	34.61	36.02	35.30	28.60	30.88	29.72
25〜29 歳	49.93	54.36	52.13	38.62	41.95	40.25	34.44	36.26	35.32
30〜34 歳	58.25	64.15	61.15	45.69	48.51	47.07	38.60	40.93	39.74
35〜39 歳	65.08	67.52	66.29	51.71	53.59	52.64	43.39	44.92	44.15
40〜44 歳	69.26	71.50	70.37	56.30	57.08	56.69	47.08	47.80	47.44
45〜49 歳	73.66	76.41	75.03	61.77	63.19	62.47	52.31	53.32	52.81
50〜54 歳	78.02	79.72	78.87	66.63	66.73	66.68	58.21	58.04	58.12
55〜59 歳	79.94	80.81	80.38	69.04	69.49	69.27	61.82	62.13	61.98
60〜64 歳	83.53	83.20	83.36	73.62	72.74	73.17	66.88	65.99	66.43
65〜69 歳	85.90	84.24	85.04	78.00	76.36	77.15	71.66	68.64	70.11
70〜74 歳	84.85	82.08	83.34	78.89	74.37	76.47	74.55	70.11	72.16
75〜79 歳	81.40	74.90	77.68	75.59	67.48	71.02	71.94	63.86	67.36
80 歳以上	68.25	50.05	56.10	60.74	41.59	48.08	56.74	38.71	44.89

※単位は％。
※表 16 は、総務省選挙部『第 45 回衆議院議員総選挙における年齢別投票状況』(2009 年)
　1 頁、総務省選挙部『第 46 回衆議院議員総選挙における年齢別投票状況』(2013 年)1 頁、
　総務省選挙部『第 47 回衆議院議員総選挙における年齢別投票状況』(2015 年) 1 頁に
　基づいて、筆者が作成した。

　第 21 回・第 22 回参議院議員通常選挙、第 45 回・第 46 回衆議院議員総選挙の際、「20 〜 24 歳」以上「55 〜 59 歳」以下の各世代では、女性の投票率の方が高く、「60〜64 歳」以上の各世代では、男性の投票率の方が高い。

　第 23 回参議院議員通常選挙の際、「20 〜 24 歳」以上「50 〜 54 歳」以下の各世代では、女性の投票率の方が高く、「55 〜 59 歳」以

上の各世代では、男性の投票率の方が高い。

　第47回衆議院議員総選挙の際、「20 ～ 24歳」以上「45 ～ 49歳」以下の各世代と「55 ～ 59歳」では、女性の投票率の方が高く、また、「60 ～ 64歳」以上の各世代と「50 ～ 54歳」では、男性の投票率の方が高い。

　以上で述べたことをふまえると、選挙権年齢が「18歳以上」に引き下げられた後の衆議院議員総選挙・参議院議員通常選挙で、18 ～ 19歳の投票率は、男性の方が低いと推測される。なぜなら、18 ～ 19歳も若年層だからだ。

3 投票によって得られる満足と投票率

🗐 投票率が高いのは、
20歳？ 21歳？ 22歳？ 23歳？ 24歳？

（ⅱ）20歳・21歳・22歳・23歳・24歳の投票率に注目して述べる。

　述べるにあたって、近年の衆議院議員総選挙・参議院議員通常選挙における20歳・21歳・22歳・23歳・24歳の投票率を示す。それが表17だ。表17には、参考に、20 ～ 24歳、25 ～ 29歳の投票率も示す。[*54]

　表17を見ると、第21回・第22回・第23回参議院議員通常選挙、第45回・第46回・第47回衆議院議員総選挙に関して、次のことがわかる。

　20歳・21歳・22歳・23歳・24歳の投票率を比較した場合、20歳の投票率が最も低かった選挙は、1つもない。投票率が最も低かったのは、第21回参議院議員通常選挙では23歳、第45回衆議院議員総選挙では22歳、第22回・第23回参議院議員通常

表17　20歳・21歳・22歳・23歳・24歳の投票率

区　分	第21回参議院議員通常選挙	第45回衆議院議員総選挙	第22回参議院議員通常選挙	第46回衆議院議員総選挙	第23回参議院議員通常選挙	第47回衆議院議員総選挙	投票率の平均値
20歳	32.98(2)	48.33(1)	35.86(1)	36.70(2)	31.38(3)	30.89(2)	36.02(2)
21歳	32.27(4)	46.46(4)	31.63(5)	34.15(5)	29.72(5)	27.36(5)	33.60(5)
22歳	32.55(3)	44.65(5)	33.15(4)	34.55(3)	30.77(4)	28.52(4)	34.03(4)
23歳	31.79(5)	46.92(3)	33.17(3)	34.28(4)	32.17(1)	29.92(3)	34.71(3)
24歳	34.42(1)	46.96(2)	34.68(2)	36.78(1)	31.83(2)	31.83(1)	36.08(1)
20〜24歳	32.82	46.66	33.68	35.30	31.18	29.72	34.89
25〜29歳	38.93	52.13	38.49	40.25	35.41	35.32	40.09

※単位は％。（　）内の数字は、各選挙における20歳・21歳・22歳・23歳・24歳の中での投票率の高さの順位。ただし、「投票率の平均値」の列に関しては、それらの中での投票率の平均値の高さの順位。
※表17は、総務省選挙部『第45回衆議院議員総選挙における年齢別投票状況』（2009年）1-2頁、総務省選挙部『第46回衆議院議員総選挙における年齢別投票状況』（2013年）1-2頁、総務省選挙部『第47回衆議院議員総選挙における年齢別投票状況』（2015年）1-2頁、総務省選挙部『第22回参議院議員通常選挙における年齢別投票状況』（2010年）1-2頁、総務省選挙部『第23回参議院議員通常選挙における年齢別投票状況』（2013年）1-2頁に基づいて、筆者が作成した。

選挙、第46回・第47回衆議院議員総選挙では21歳だ。ちなみに、20歳の投票率が21歳の投票率より低かった選挙も、20歳の投票率が22歳の投票率より低かった選挙も、1つもない。20歳の投票率は、21歳・22歳の投票率より高い。

　また、第45回衆議院議員総選挙、第22回参議院議員通常選挙では、20歳・21歳・22歳・23歳・24歳の中で、投票率が最も高かったのは20歳だ。20歳・21歳・22歳・23歳・24歳を投票率の高い順に並べた場合、20歳の順位は、第21回参議院議員通常選挙

2位、第45回衆議院議員総選挙1位、第22回参議院議員通常選挙1位、第46回衆議院議員総選挙2位、第23回参議院議員通常選挙3位、第47回衆議院議員総選挙2位だ。そのため、20歳の順位の平均値は、(2+1+1+2+3+2) ÷ 6 = 1.83（位）だ。20歳・21歳・22歳・23歳・24歳の中では、20歳の投票率は結構高い、ということだ。ちなみに、その順位の平均値は、21歳 4.67（位）、22歳 3.83（位）、23歳 3.17（位）、24歳 1.50（位）だ［(4+4+5+5+5+5) ÷ 6 = 4.67。(3+5+4+3+4+4) ÷ 6 = 3.83。(5+3+3+4+1+3) ÷ 6 = 3.17。(1+2+2+1+2+1) ÷ 6 = 1.50］。そのため、順位の平均値が小さい順に並べると、①24歳、②20歳、③23歳、④22歳、⑤21歳だ。

　そして、第21回・第22回・第23回参議院議員通常選挙、第45回・第46回・第47回衆議院議員総選挙における投票率の平均値が高い順に並べると、①24歳（36.08%）、②20歳（36.02%）、③23歳（34.71%）、④22歳（34.03%）、⑤21歳（33.60%）だ。

　以上のように、20歳・21歳・22歳・23歳・24歳の中で、20歳の投票率は結構高い［ただ、20歳の投票率は、25～29歳の投票率よりは低い（表17）。あくまでも、それらの中で結構高い、というだけだ］。

　投票率が高い順は①24歳、②20歳、③23歳、④22歳、⑤21歳といえるのが、近年の衆議院議員総選挙・参議院議員通常選挙の状況だ。

　ただ、さきほど、（ⅰ）投票参加に関する見解に注目して述べていたとき、次のことを述べた。「日本では、投票参加に対する年齢の影響が顕著であり、20～65歳は年齢が高くなるほど投票への参加が高まるが、70歳を過ぎると低下するといわれている」。その見解に基づくと、投票率が高い順は、①24歳、②23歳、③

22歳、④21歳、⑤20歳になりそうだ。しかし、近年の衆議院
議員総選挙・参議院議員通常選挙では、そうはなっていない。実
際は、20歳の投票率は結構高く、その順位は2位といえる。20
歳が、24と23歳の間に割り込んでいる（24歳・23歳・22歳・
21歳に限れば、その見解に基づく投票率の高さの順位と、実際の順位
が一致している。すなわち、投票率が高い順は、①24歳、②23歳、
③22歳、④21歳）。

　選挙権年齢「20歳以上」の場合、20歳は、選挙権を認められ
る年齢なので、投票によって得られる満足が大きいと考えられる。
それを理由として、20歳の投票率がそうなっていると考えられ
る。

投票によって得られる満足と18歳・19歳の投票率

　そして、その考え方に基づくと、18歳・19歳が初めて投票す
る総選挙（衆議院議員総選挙・参議院議員通常選挙）の際、18〜19
歳の投票率は、ある程度高くなると考えられる。その選挙の際、
18〜19歳の投票率が20〜24歳の投票率より高くても、特に驚
くことではない。

　理由は、次の①②③だ。①その選挙は、10代の有権者が初め
て参加する総選挙（衆議院議員総選挙・参議院議員通常選挙）であ
るため、18歳・19歳が投票によって得られる満足が、とても大
きいと考えられるということ、②さきほど述べたように、第45
回衆議院議員総選挙、第22回参議院議員通常選挙の際、20歳・
21歳・22歳・23歳・24歳の中で、投票率が最も高かったのが
20歳ということ、③第21回・第22回・第23回参議院議員通
常選挙、第45回・第46回・第47回衆議院議員総選挙の全て

で、20歳の投票率は20〜24歳の投票率より高いということ（表
17）。

　また、その考え方に基づき、長期的なことをいうと、選挙権年
齢が「18歳以上」に引き下げられた後、衆議院議員総選挙・参
議院議員通常選挙における18歳の投票率が、19歳・20歳の投票
率より高くても、全く不思議ではない。なぜなら、選挙権年齢「18
歳以上」の場合、18歳は、選挙権を認められる年齢であり、投
票によって得られる満足が大きいと考えられるからだ。

4　投票者数の参考値と利益・不利益

　さて、さきほど、『4. 18歳選挙権に対する期待と、残される課題』
で、選挙権を認められている世代に関して、次のことを述べた。
「各世代の日本人人口は、各世代の有権者数の参考値だ」「日本人
人口が多い世代は利益を得て、日本人人口が少ない世代は不利益
を受ける」。

　また、本章で、次のことを述べた。「投票率が高い世代は利益
を得て、投票率が低い世代は不利益を受ける」。

　以上で述べたことをふまえると、選挙権を認められている世代
に関しては、日本人人口（有権者数の参考値）が多く、投票率が
高い世代は利益を得て、日本人人口（有権者数の参考値）が少なく、
投票率が低い世代は不利益を受ける、ということになる。

　さきほど述べたように、各世代の日本人人口（各世代の有権者
数の参考値）×各世代の投票率＝各世代の投票者数の参考値なの
で、要するに、投票者数の参考値が多い世代は利益を得て、投票
者数の参考値が少ない世代は不利益を受ける、ということだ。

71

獲得票数の増加を目指している政党・候補者が、投票者数の参考値が多い世代が望む政策を、わかりやすくいえば、投票者数が多い世代が望む政策を、優先的に採用するというのは、納得しやすいだろう。

　そして、現状、若年層・中年層・高年層のうち、投票者数の参考値が多いのは高年層、投票者数の参考値が少ないのは若年層だ（表9参照）。以上で述べたことをふまえると、選挙権年齢を「18歳以上」に引き下げた後も、そのような状況は続くと考えられる。

キーワード☞政治的中立性、投票に対する意識、
投票義務、被選挙権年齢の引き下げ、棄権理由

1 若年層の投票率を上昇させる方法

 以上で述べたように、若年層の投票率は低い。
 では、若年層の投票率を上昇させるためには、どうすれば良いのだろうか。
 以下、(ⅰ) 政治教育、(ⅱ) 義務、(ⅲ) 被選挙権年齢、(ⅳ) 棄権理由に注目し、投票率を上昇させる方法に関して述べる（さきほど述べたように、選挙権年齢の「18歳以上」への引き下げに関しては、若年層の投票率が注目されている。若年層の投票率を上昇させる方法も、注目対象に含まれている)[*56]。

73

2 政治教育と政治的中立性

若年層の投票率と政治教育

（ⅰ）政治教育に注目して述べる。

若年層の投票率を上昇させるためには、若年層に、政治への関心・主権者という自覚をもたせる必要がある[57]。

そして、若年層にそれらをもたせるためには、政治教育を充実させることが重要だ。政治についてあまり理解していなければ、政治に関心をもちにくい。

教育基本法14条2項と政治教育

以上のように、若年層の投票率を上昇させるためには、政治教育を充実させることが重要だ。

ただ、政治教育に関しては、教育基本法14条2項を原因として、すなわち、教育基本法が教育の政治的中立性を要求していることを原因として、教育現場で、それへの取り組みが消極的になってしまっているという指摘がある[58]。

教育基本法14条2項は、そういうことを意図した規定なのだろうか。

以下、そのことに関して述べる。

述べるにあたって、政治教育について規定している教育基本法14条1項・2項を示す。そして、その上で、それに関する答弁を示す。なぜなら、条文だけを示しても、わかりにくいからだ。

　　教育基本法14条
　　1項　良識ある公民として必要な政治的教養は、教育上尊重

されなければならない。

　2項　法律に定める学校は、特定の政党を支持し、又はこれに反対するための政治教育その他政治的活動をしてはならない。

　まず、2015年6月2日、第189回国会衆議院政治倫理の確立及び公職選挙法改正に関する特別委員会で、徳田正一文部科学省大臣官房審議官は、教育基本法14条1項・2項に関して、次の答弁をした。「教育基本法第十四条は、まず第一項において、国家社会の主体的な形成者を育成するには政治的素養を涵養することが重要であることを示した上で、第二項において、学校、すなわち、教える側における政治教育その他政治的活動の限界を示し、特定の党派的政治教育等を禁止することにより、政治的中立を確保しようとするものであります。第二項において禁止されています『その他政治的活動』とは、政治上の主義や施策を推進したり、支持したり、反対することを目的として行われる行為でありますが、ある行為が政治的活動に該当するか否かは、具体的事象に即して判断されるべきものと考えております」。

　次に、2014年6月12日、第186回国会参議院文教科学委員会で、下村博文文部科学大臣（当時）は、教育基本法14条2項・教育の政治的中立性に関して、次の答弁をした。「教育の政治的中立性とは、教育基本法第十四条第二項が『法律に定める学校は、特定の政党を支持し、又はこれに反対するための政治教育その他政治的活動をしてはならない。』と規定しているなど、多数の者に対して強い影響力を持ち得る教育に一党一派に偏した政治的主義主張が持ち込まれてはならないことを意味するものであるという

ふうに理解をしております。具体的には、教育内容に関する政治的中立性、また人事における政治的中立性、そして日々の教育活動に関する政治的中立性が求められるところであります」。

また、2012 年 3 月 22 日、第 180 回国会衆議院憲法審査会で、関靖直文部科学省大臣官房審議官（当時）は、教育基本法 14 条 1 項・2 項の関係に関して、次の答弁をした。「具体的なことを取り上げる際に、政治的な中立性との関係についての御指摘がございました。この点につきましては、教育基本法の第十四条一項におきまして、『良識ある公民として必要な政治的教養は、教育上尊重されなければならない。』そして第二項におきまして、『法律に定める学校は、特定の政党を支持し、又はこれに反対するための政治教育その他政治的活動をしてはならない。』と規定をされております。国家社会の諸問題の解決に主体的に参画していくということが求められる中で、政治に関するさまざまな知識あるいはこれに対する批判力などの政治的教養が必要であるということを踏まえて規定がされているわけでございますが、こういった教育を行う際に、例えば、各政党の政策などを取り上げたり、あるいは、具体的な事例についてのそれぞれの立場からの主張などを取り上げる際に、党派的な主張や政策に触れることはあり得るわけでございますが、その場合には、客観的かつ公正な資料に基づくとともに、教員の個人的な主義主張を避けて、公正な態度で指導するよう留意することが大切であると考えているところでございます」。

そして、2014 年 4 月 24 日、第 186 回国会衆議院憲法審査会で、前川喜平文部科学省初等中等教育局長（当時）は、教育基本法 14 条 1 項・2 項の関係に関して、次の答弁をした。「憲法や政治に

関する教育につきましては、学習指導要領に基づきまして、小学校、中学校、高等学校の各段階におきまして、日本国憲法の基本的な考え方、国会を中心とする我が国の民主政治の仕組みや議会制民主主義の意義、さらに、日本国憲法に定める政治のあり方と国民生活とのかかわり、政治参加の重要性などについて学習が行われているところでございます。しかしながら、若年層の投票率の低さでありますとか政治的無関心などが指摘されているほか、日本の中高生が、諸外国に比べまして社会や政治問題に参加すべきだという意識が低いなどの調査結果がございます。もちろん、学校教育におきましては、教育基本法第十四条の第二項にございますとおり、教育の政治的中立性の確保ということは不可欠でございますが、そのために、政治教育への取り組みが消極的なものになってはいけないと考えております。教育基本法の第十四条第一項におきましては、『良識ある公民として必要な政治的教養は、教育上尊重されなければならない。』と規定されているところでございますので、この趣旨に沿って、学校教育においてもしっかりとした取り組みが必要であると考えております。したがいまして、例えば、私ども、モデル事業などとして進めたいと考えております中身といたしましては、実践的、体験的な学習を踏まえた教育活動、例えば模擬投票を実施するというようなことでありますとか、あるいは、賛成、反対の意見を両方掲載した複数の新聞記事をもとにいたしまして、賛成、反対双方の考え方を紹介した上で、生徒に賛成、反対両方の立場に立ってのディベートを行わせる、このようなことも考えたいというふうに考えております」。

　以上で示した答弁からわかるように、教育の政治的中立性を要求している教育基本法14条2項は、「政治教育をしてはならな

い」「政治教育に消極的なのが望ましい」といっているわけでは
ないし、「意見が対立するテーマを教育現場で扱ってはならない」
といっているわけでもない。教育基本法14条2項を原因として、
政治教育への取り組みが消極的なものになってはならない。

模擬投票を実施したり、特定の政策課題についての議論をした
り、政治教育を充実させるさせるべきだ。[59]

◻ アメリカ・ドイツの政治教育

実際、模擬投票や特定の政策課題についての議論は、アメリカ・
ドイツ等で活発に行われている。[60]

ちなみに、ドイツの政治教育を支えてきた原則があり、それは、
ボイテルスバッハ・コンセンサスだ。具体的にいうと、①教員は
生徒を期待される見解をもって圧倒し、生徒が自らの判断を獲得
するのを妨げてはならない、②学問と政治の世界において議論が
あることは、授業においても議論があることとして扱わなければ
ならない、③生徒が自らの関心・利害に基づいて効果的に政治に
参加できるよう、必要な能力の獲得が促されなければならない、
というものだ。[61]

3 憲法と投票率

◻ オーストラリアの投票率が高い理由は？

（ⅱ）義務に注目して述べる。

投票率が高いことで有名な国がある。

それは、オーストラリアだ。

オーストラリアでは、投票率が90.0%を超えている。[62]

78

低投票率が問題視されている日本とは、大きな違いだ。

では、なぜ、オーストラリアでは、投票率が高いのだろうか。

もちろん、様々な理由があるのだが、大きな理由は、投票が義務であり、棄権した場合に、罰金が科されることがある、という制度の存在だ（罰金は少額であり、デパートでランチを食べるくらいの額だ）[63]。

日本でもオーストラリアと同様の制度を採用すれば、若年層の投票率を含め、投票率を上昇させることができるだろう。一般に、罰金の額を高額にするほど、投票率が上昇しやすいと考えられる。義務とはいっても、選挙に参加することで、多かれ少なかれ、政治について考えるようになるだろうし、また、投票率が上昇すれば、組織票の影響力も小さくなるだろう（ということをふまえると、強固な組織票を保有し、それを選挙の際に生かしている政党は、そのような制度の採用に難色を示す可能性がある）。

なお、政府は、義務投票制度については、「公務員を選定し、及びこれを罷免することは、国民固有の権利である」とする憲法15条との関係からも、慎重な検討を要するとしている[64]。

投票に対する意識と憲法改正

憲法の話がでてきたし、また、さきほど述べたように、今回の選挙権年齢の引き下げには、憲法改正に向けての環境整備という意味があるので、ここで、憲法改正と絡めた話をしてみたい。

投票に対する意識と投票参加の間には、密接な関係がある。

さきほど述べたように、第23回参議院議員通常選挙の際、明るい選挙推進協会は意識調査を実施した。その中に、投票に行ったか否かを問う質問があった。

結果は、「投票に行った」72.3%、「投票に行かなかった」
27.7%。*65

ただ、投票に対する意識によって、その割合は大きく違った。
その意識とは、選挙で投票する行為に関して、次のどれに近い考
え方をもっているかだ。①国民の義務、②国民の権利だが棄権す
べきではない、③個人の自由。

以下、そのことに関して述べる。

述べるにあたって、全体、20〜39歳、40〜59歳、60歳以上
に分けて、投票に対する意識と投票参加の関係の表を示す。全体
についての表が表18、20〜39歳についての表が表19、40〜59
歳についての表が表20、60歳以上についての表が表21だ。

表18、表19、表20、表21を見ると、次のことがわかる。

20〜39歳、40〜59歳、60歳以上の全てで、「投票に行った」
の割合が高いのは、「国民の義務」「国民の権利だが棄権すべきで
はない」に近い考え方をもっている人だ。逆に、その全てで、「投
票に行かなかった」の割合が高いのは、「個人の自由」に近い考
え方をもっている人だ（表19、表20、表21）。全ての世代でそうなっ
ているので、当然、全体でもそうなっている（表18）。

しかも、全ての世代で、「国民の義務」「国民の権利だが棄権す
べきではない」に近い考え方をもっている人と「個人の自由」に
近い考え方をもっている人では、「投票に行った」の割合が大き
く違う。具体的にいうと、45.0〜60.0%程度違う。

以上のことをふまえると、「国民の義務」「国民の権利だが棄権
すべきではない」に近い考え方を国民にもたせれば、若年層の投
票率を含め、投票率は上昇すると考えられる。

では、どうすれば、そのような考え方を国民にもたせることが

6. 投票率を上昇させる方法

表 18　投票に対する意識と投票参加の関係（全体）

区　分	投票に行った	投票に行かなかった
国民の義務	87.4	12.6
国民の権利だが棄権すべきではない	88.9	11.1
個人の自由	35.5	64.5

※数字は選択率で、単位は％。
※表 18 は、明るい選挙推進協会『第 23 回参議院議員通常選挙全国意識調査　調査結果の概要』（2014 年）36 頁に基づいて、筆者が作成した。

表 19　投票に対する意識と投票参加の関係（20 〜 39 歳）

区　分	投票に行った	投票に行かなかった
国民の義務	81.3	18.8
国民の権利だが棄権すべきではない	78.0	22.0
個人の自由	23.9	76.1

※数字は選択率で、単位は％。
※表 19 は、明るい選挙推進協会『第 23 回参議院議員通常選挙全国意識調査　調査結果の概要』（2014 年）37 頁に基づいて、筆者が作成した。

表 20　投票に対する意識と投票参加の関係（40 〜 59 歳）

区　分	投票に行った	投票に行かなかった
国民の義務	87.0	13.0
国民の権利だが棄権すべきではない	91.9	8.1
個人の自由	39.6	60.4

※数字は選択率で、単位は％。
※表 20 は、明るい選挙推進協会『第 23 回参議院議員通常選挙全国意識調査　調査結果の概要』（2014 年）37 頁に基づいて、筆者が作成した。

表21 投票に対する意識と投票参加の関係（60歳以上）

区　分	投票に行った	投票に行かなかった
国民の義務	90.4	9.6
国民の権利だが棄権すべきではない	91.0	9.0
個人の自由	45.0	55.0

※数字は選択率で、単位は％。
※表21は、明るい選挙推進協会『第23回参議院議員通常選挙全国意識調査　調査結果の概要』（2014年）37頁に基づいて、筆者が作成した。

できるのだろうか。

　もちろん様々な方法があるが、例えば、憲法改正をして、「投票することは国民の義務である」ということを明示する条文を憲法に追加すれば、若年層を含め、国民は、選挙で投票する行為に関して「国民の義務」に近い考え方をもつだろう。

　日本国憲法に規定されている国民の三大義務、すなわち、教育の義務（憲法26条2項）、勤労の義務（憲法27条1項）、納税の義務（憲法30条）を、国民は知っているだろう[66]。だから、新たに、投票義務の条文を憲法に追加し、それを国民の四大義務の1つにすれば、国民はそれを知ることになると考えられるし、国の最高法規である憲法にそのような規定があれば、国民は「投票することは国民の義務である」と思いやすいだろう。

　なお、実際、国会で、投票義務の条文を憲法に追加すべきである、という発言がされたことがある。具体的にいうと、2005年2月10日、第162回国会衆議院憲法調査会で、永岡洋治衆議院議員（当時）は次の発言をした。「とりわけ私が強く要望することとして、投票の義務があります。選挙制度が十分に機能することが民主制

の生命線であるはずであります。選挙は民主主義のぜんまいであると言われております。しかし、現在の投票率の低さに見られるように、この機能が十分に果たされているとは言いがたい状況にあります。健全な民主制の発展のために、私は、投票は選挙権の裏返しとしての国民の義務であるとの規定を憲法に明記することを主張したいと思います。実際にイタリア憲法四十八条二項などが投票の義務を定めており、諸外国との比較においても、決して特殊な規定ではないと考えます」（なお、投票義務の条文の例としては、ギリシャ憲法 51 条 5 項もあげられる）。

　また、「義務」という言葉を使用しなくても、「国民は投票するように努めるべきである」「国民は投票するのが望ましい」ということを明示する条文を憲法に追加しても良い。

　以上で述べたような憲法改正をすれば、国民は、選挙で投票する行為に関して「国民の義務」「国民の権利だが棄権すべきではない」に近い考え方をもつだろう、「個人の自由」に近い考え方はもちにくいだろう。

　その結果、若年層の投票率を含め、投票率は上昇するだろう、罰則を設けなくても。

　もちろん、以上で述べたことに関しては、様々な論点がある。例えば、①投票は義務化すべきことなのか、②憲法に新たな義務 *67 規定を設けることは適切なのか、③憲法改正には高コストがかかる *68 が、投票義務の条文の追加は、そこまでしてすべきことなのか、という論点がある。③に関して補足すると、憲法改正をするためには、時間・労力がかかるが、その時間・労力を、他の政策の実現のためにかけることもできる。また、憲法改正をするためには、経費もかかる。憲法改正をするためには、国民投票で承認される

必要があるが、国民投票1回あたり、850億円程度の経費がかか
る。衆議院議員総選挙の経費は1回あたり700億円程度なので、[*69]
850億円程度というのはかなり高額だ。もちろん、そのお金を、[*70]
他の政策の実現のためにかけることもできる。例えば、被災地の
復興、少子化対策、雇用対策、年金、医療・介護。憲法改正より、
それらにお金を使って欲しいと考える国民も存在するだろう。

選挙権拡大の歴史と、選挙権年齢引き下げの背景

ところで、さきほど、次のことを述べた。「今回の選挙権年齢
の引き下げには、憲法改正に向けての環境整備という意味があ
る」。

ここで、それに関して補足しておく。

①憲法改正に向けた環境整備のためだけに、今回、選挙権年齢
が引き下げられるわけではない。②選挙権年齢を国際標準（18歳
以上）に合わせる、③若者の政治離れを解消する、④選挙権の行
使と憲法改正国民投票の投票権の行使は、同じ投票行為・参政権
の行使なので、年齢を合わせるのがふさわしい、ということも背
景にある。[*71]

また、さきほど述べたように、日本において、選挙権年齢の引
き下げは70年ぶりだ。

70年前、1945年、衆議院議員選挙法が改正され、選挙権年齢
は「25歳以上」から「20歳以上」に引き下げられた。1945年12
月12日、第89回帝国議会貴族院本会議で、堀切善次郎内務大臣（当
時）は、その引き下げの理由として、次のことをあげた。①青年
の知識能力が著しく向上したこと、②20歳に達した青年は、国
政参与の能力・責任観念において、少しも欠けるところがないこ

と、③青年有権者の選挙参加によって、政界の空気を一新し、新日本建設の新しい政治力を形成すること。[*72]

さきほど述べたことと比較すると、今回の選挙権年齢の引き下げと、70 年前の選挙権年齢の引き下げとでは、背景が違う、ということがわかるだろう。

なお、女性に選挙権が認められたのも 1945 年だ。

ちなみに、2013 年、成年被後見人に選挙権が認められた。

そしてまた、以前は、選挙権の要件として納税要件があった。ただ、批判を背景として、納税要件は徐々に緩和されていき、撤廃された。納税要件の経緯に関して、具体的にいうと、1889 年直接国税 15 円以上、1900 年直接国税 10 円以上、1919 年直接国税 3 円以上、1925 年撤廃。

さて、以上のように、以前は、選挙権の要件として納税要件があったわけだが、選挙権年齢の「18 歳以上」への引き下げに関しても、納税要件を設ける考え方があった。すなわち、「20 歳以上」に加え、一定額以上の納税をした「18 歳以上」にも選挙権を認めてはどうか、という考え方だ。

政府は、憲法 14 条 1 項、憲法 15 条 3 項、憲法 44 条に照らして、その考え方には問題があるとした。[*73]

4 被選挙権年齢・選挙権年齢の引き下げ

被選挙権年齢の引き下げは、若年層の投票率の上昇につながるか?

（ⅲ）被選挙権年齢に注目して述べる〔『被選挙権年齢の引き下げは、若年層の投票率の上昇につながるか?』では、18 〜 19 歳を除き、

18 歳以上の世代を 5 歳区切りで考えて、話を進める。具体的にいうと、18 〜 19 歳、20 〜 24 歳、25 〜 29 歳、30 〜 34 歳……世代の区分をそのように考えなくても、同様の話はできるが、便宜上そのようにする。さらに、候補者の年齢・世代は、選挙期日を基準とし確定する]。

今回、選挙権年齢は、「20 歳以上」から「18 歳以上」に引き下げられる。

被選挙権年齢の引き下げも可能だが、今回、被選挙権年齢は引き下げられない、そのままだ。

現在、被選挙権年齢は、参議院議員・都道府県知事に関しては「30 歳以上」、衆議院議員・都道府県議会議員・市区町村長・市区町村議会議員に関しては「25 歳以上」だ。

そして、被選挙権年齢に達していない者は、立候補できない。[*74]

そのため、選挙権年齢が「18 歳以上」に引き下げられても、それだけでは、18 歳は立候補できない。

被選挙権年齢を「18 歳以上」に引き下げれば、18 歳も立候補できる。そうなったら、実際に、18 歳が立候補することもあるだろう。

そして、①自分より高齢の世代の候補者だけが戦う選挙と、②自分と同世代の候補者も戦う選挙を比較すると、①の選挙の方が、若年層は関心をもちにくいだろう。

ただ、残念ながら、現在、衆議院議員選挙・都道府県議会議員選挙・市区町村長選挙・市区町村議会議員選挙は、20 〜 24 歳にとって①の選挙になっているし、また、参議院議員選挙・都道府県知事選挙は、20 〜 29 歳にとって①の選挙になっている。選挙権年齢が「18 歳以上」に引き下げられた後、衆議院議員選挙・都道府県議会議員選挙・市区町村長選挙・市区町村議会議員選挙

は、18 ～ 24 歳にとって①の選挙になるし、また、参議院議員選挙・都道府県知事選挙は、18 ～ 29 歳にとって①の選挙になる。

被選挙権年齢の引き下げは、①の選挙が②の選挙になるのを促す。

具体的にいうと、次のとおりだ。選挙権年齢「18 歳以上」、被選挙権年齢「25 歳以上」で実施される衆議院議員選挙の際、その選挙は、18 歳にとって、絶対に、①の選挙になる。なぜなら、その選挙の際、候補者の年齢は低くても 25 歳だからだ。それに対し、選挙権年齢「18 歳以上」、被選挙権年齢「18 歳以上」で実施される衆議院議員選挙の際、18 歳の A が立候補すれば、その選挙は、18 歳にとって②の選挙になる。後者の選挙の方が、18 歳は関心をもちやすいだろう。

被選挙権年齢の「18 歳以上」への引き下げに注目して述べたが、その他の年齢への引き下げでも、効果は違うものの、同様のことは起こる。選挙権年齢「18 歳以上」、被選挙権年齢「25 歳以上」で実施される衆議院議員選挙の際、その選挙は、18 歳にとっても、20 歳にとっても、絶対に、①の選挙になる。それに対し、選挙権年齢「18 歳以上」、被選挙権年齢「20 歳以上」で実施される衆議院議員選挙の際、20 歳の B が立候補すれば、その選挙は、18 歳にとっては①の選挙だが、20 歳にとっては②の選挙になる。後者の選挙の方が、20 歳は関心をもちやすいだろう。

以上のように、被選挙権年齢の引き下げは、若年層が選挙に関心をもつことにつながる。

そして、若年層が選挙に関心をもてば、若年層の投票率が上昇すると考えられる。そのことは、2015 年 2 月 17 日、第 189 回国会参議院本会議における安倍晋三首相の次の答弁をふまえると、

納得しやすいだろう。「総選挙が低投票率となったことは大変残念です。その原因は、様々な事情が影響したものと考えますが、特に若い世代については、投票しなかった理由に、そもそも選挙に関心がないことを挙げた割合が高いという調査結果もあり、大変憂慮すべきことであります」。

　以上のことをふまえると、被選挙権年齢の引き下げは、若年層の投票率の上昇につながる。

🗐 イギリス・アメリカで登場した若い政治家とマララ・ユサフザイ氏

　なお、被選挙権年齢の引き下げによるメリットは、それだけではない。被選挙権年齢を引き下げた場合、より若い優秀な政治家（議員・長）が登場する可能性がある。さきほど述べたように、現在、被選挙権年齢は「25歳以上」あるいは「30歳以上」だ。そのため、18歳のCがどれだけ政治家に適していても、政治家になることはできない。それは、国民の利益を損なう。それに対し、被選挙権年齢を「18歳以上」に引き下げれば、18歳のCも政治家になることができる。18歳の政治家Cが登場したら、それをきっかけとして、政治に関心をもつ若年層もいるだろう。そして、そうなったら、若年層の投票率は上昇するだろう。ちなみに、2014年11月、The Wall Street Journalが次の報道をした。「米国で18歳の女子大生が州議会選挙で当選を果たし、最年少議員が誕生した。首都ワシントンDCにほど近いウェストバージニア州の下院選で当選したのはセイラ・ブレアさん。18歳の女子大生だ。大学で学ぶかたわら選挙活動に励んできた[75]」。また、2015年5月、朝日新聞が次の報道をした。「第3党に躍進したスコッ

トランド民族党では、20歳の大学生マリ・ブラックさんが当選した。1667年以来最年少という。労働党の『影の外相』を破るというおまけ付きだった。『人々は年齢や性別といった表面的なことではなく議論の本質に関心を持った。英政府にスコットランドの人々の声を届けたい』と英メディアに意気込みを語った。(中略)英国では選挙権、被選挙権ともに18歳以上」[76]。なお、近年、世界中で注目されているマララ・ユサフザイ氏は、2013年のサハロフ賞受賞当時16歳、2014年のノーベル平和賞受賞当時17歳だった。

　また、近年、地方議会議員のなり手不足が問題視されている[77]が、被選挙権年齢の引き下げは、その問題を改善することにつながると考えられる。不足している分を、新たに被選挙権を認められた若年層が、ある程度補ってくれるだろう。

　もっとも、若年層の政治家Dが、若年層の望む政策を優先的に採用するとは限らない。選挙の際、Dに多くの票を提供するのが高年層なら、Dは高年層の望む政策を優先的に採用するだろう。いい方をかえると、選挙の際、Dが若年層の望む政策を優先的に採用したら、落選するのであれば、Dはそんなことをしないだろう。若年層の候補者・政治家だからといって、若年層の味方(若年層の望む政策を優先的に採用する)とは限らない。

被選挙権年齢を引き下げるべきか?

　以上のように、被選挙権年齢の引き下げには、様々なメリットがある。

　そのため、被選挙権年齢を引き下げるべきとも思える。

　ただ、被選挙権年齢を引き下げた場合に、重大な問題が生じる

のであれば、それをすべきではない。

被選挙権年齢を引き下げると、重大な問題が生じるのだろうか。

以下、そのことに関して述べる。

民主主義は、国民による政治の実現を理想とする。

その理想を実現するためには、直接民主制が望ましい。[78] [79]

ただ、近代国家の憲法は、代表民主制を基本としている。[80]

日本国憲法も、代表民主制を基本としている［もちろん、憲法は、例外的に、直接民主制的手続も規定している。具体的にいうと、①最高裁判所裁判官の国民審査（憲法79条2項・3項）、②地方自治特別法の制定に際しての住民投票（憲法95条）、③憲法改正国民投票（憲法96条1項）だ］。[81]

では、なぜ、近代国家の憲法は、代表民主制を基本としているのだろうか。

2013年6月13日、第183回国会衆議院憲法審査会で、橘幸信衆議院法制局法制企画調整部長（当時）は、そのことに関して、次の答弁をした。「代表的な憲法の教科書の一つであります清宮四郎先生の教科書によりますと、次のように述べられております。直接民主制は、国民による統治の原則が最も高度に実現されるものであるが、しかし、団体が小さく、社会条件が単純な国家の場合は比較的実行しやすいが、団体が大きく、社会的分業が進化している近時の国家では実際にこれを行うことは難しいとした上で、さらに、そもそも、全ての国民がさまざまな国政問題を判断し、処理するだけの政治的素養と時間的余裕を持つわけではないから、直接民主制を高度に実現することは妥当でないとして、結局、国民は、国政をみずから決することはできなくても、国政を担当するに適した人を選出することはできると述べられている

わけであります」[82]。

　要するに、国民の能力に注目すると、国民は、国政問題を適切に判断・処理できなくても、国政を担当するに適した人を選出できるから、代表民主制を基本としている、ということだ（国民が、国政を担当するに適した人を選出できないのであれば、代表民主制には、根本的な問題があることになる。なぜなら、国政を担当するに適した人を選出できない国民に、国政を担当する人を選出させる制度が代表民主制、ということになるからだ。もちろん、それでも、他の制度よりはマシなので、代表民主制を基本とする、という判断はあり得るわけだが）。

　国民の能力に関するその考え方に沿うと、被選挙権年齢を引き下げても、重大な問題は生じないはずだといいやすい。すなわち、被選挙権年齢の引き下げを原因として、政治家に適していない若者が、多数、政治家になり、政治に大きな悪影響を与える、という事態にはならないはずだといいやすい。

　まず、ある政党が、政治家に適していない候補者を擁立すると、その政党に対する国民の信頼が損なわれる。そのような候補者を擁立すればするほど、信頼が損なわれる。そして、信頼が損なわれると、選挙の際、その政党の獲得票数が減少する。政党が獲得票数の増加を目指していることをふまえると、一般に、政党はそのような候補者を擁立しない、と考えられる。また、政治家に適していない候補者が立候補した場合、国民がその候補者を落選させると期待できる。政治家に適した能力を担保するために、被選挙権年齢の方が選挙権年齢より高く設定されているわけだが[83]、そんなことをしなくても、ある候補者が政治家に適した能力をもっていなければ、国民が選挙で落選させると期待できる。さきほど

述べた次の①②をふまえると、そのように考えやすい。① 2001年6月6日、第151回国会衆議院政治倫理の確立及び公職選挙法改正に関する特別委員会で、遠藤和良総務副大臣（当時）が次の答弁をしたこと、「選挙権と被選挙権の年齢に区別を設けておりますのは、社会的経験に基づく思慮と分別ということを期待したものでございまして、この年齢がそれぞれ適当であるとされているわけでございます」、すなわち、「20歳以上」という選挙権年齢が、そういう意味で適当とされていたこと、② 18歳以上の日本人人口に占める18〜19歳の割合が2.2%ということ。

　なお、被選挙権年齢を引き下げると、より若い候補者が登場する可能性がある。例えば、現行制度では、18歳の候補者は登場しないが、被選挙権年齢を「18歳以上」に引き下げると、18歳の候補者が登場する可能性がある。そのこと自体によって、重大な問題が生じるとは考えにくい。

　📄　16歳選挙権・被選挙権とオーストリア

　選挙権と被選挙権は密接な関係にある。[84]

　そのため、被選挙権年齢の引き下げは、選挙権年齢の引き下げと同程度に注目されても良い、というか、されるべきだ。しかし、前者は、後者と比較すると、社会で注目されていないし、されてこなかった。

　ただ、被選挙権年齢の引き下げについての発言は、国会で、数十年前からされている。[85]

　もちろん、最近も、国会で、それへの言及はされており、例えば、2015年3月4日、第189回国会参議院国の統治機構に関する調査会で、山本太郎参議院議員は次の発言・質問をした。「選

挙権年齢を下げること以外には、大切なことが放置されたまま議論も尽くされていない印象を受けます。一つは成年年齢の引下げ、そして、若い方々も政治にチャレンジできるように、被選挙権年齢の引下げと、それを実現するための供託金の大幅な引下げです。これらの議論が少しも詰まっていない状態で選挙年齢引下げだけを先行させるのは、大事な議論をすっ飛ばしている、順序を無視していると言えるんじゃないかなと思うんですけれども、先生方のお考え、お聞かせください」[86]。

　なお、その質問をされたのは、西尾勝参考人（東京大学名誉教授）と人羅格参考人（毎日新聞論説委員）だ。そして、まず、2015年3月4日、第189回国会参議院国の統治機構に関する調査会で、西尾勝参考人は、被選挙権年齢の引き下げに関して、次の発言をした。「私は、選挙権と被選挙権に区別を付けているという部分については、余り合理的な理由がないのではないかというふうに思っています。ですから、選挙法についていろいろな改正をするときには被選挙権年齢を見直すということは十分あり得る論点だと思っています」。また、2015年3月4日、第189回国会参議院国の統治機構に関する調査会で、人羅格参考人は、被選挙権年齢の引き下げに関して、次の発言をした。「これについては私も西尾先生とほぼ同様の意見であります。被選挙権年齢と選挙権年齢については、別に、必ず違っていなければならないということではなくて、大いに議論の余地がある問題ではないかというふうに考えています」。

　今回、選挙権年齢は「18歳以上」に引き下げられるが、被選挙権年齢はそのままだ。

　また、選挙権年齢を「18歳以上」から、さらに引き下げても

良い（ちなみに、オーストリアの選挙権年齢は「16歳以上」だ）。

　選挙権年齢のさらなる引き下げや被選挙権年齢の引き下げについて検討することが、今後の重要課題といえる。[*87]

　ところで、義務教育に関して、教育基本法5条2項は、「義務教育として行われる普通教育は、各個人の有する能力を伸ばしつつ社会において自立的に生きる基礎を培い、また、国家及び社会の形成者として必要とされる基本的な資質を養うことを目的として行われるものとする」としている。そして、義務教育は、中学校3年生までだ。そこで、中学校を卒業している年齢をふまえ、選挙権年齢・被選挙権年齢をともに「16歳以上」にするという選択肢もある。また、ここで述べたことをふまえると、中学校卒業時期を目安とした基準日に、年齢にかかわらず、選挙権・被選挙権を認めるということも考えられる。

5　棄権理由の解消

　　棄権する理由は？

（ⅳ）棄権理由に注目して述べる。

　当たり前のことだが、投票率を上昇させるためには、棄権理由を解消すれば良い。

　では、なぜ、棄権するのだろうか。棄権理由は、どうなっているのだろうか。

　さきほど述べたように、第23回参議院議員通常選挙の際、明るい選挙推進協会は意識調査を実施した。その中に、次の質問があった。「投票に行かなかったのは、なぜですか。あてはまるものをいくつでも選んで番号に○をつけてください」。その結果が

94

6. 投票率を上昇させる方法

表 22　棄権理由

区分	棄権理由	
1 位	適当な候補者も政党もなかったから	26.4
2 位	選挙にあまり関心がなかったから	19.0
2 位	政党の政策や候補者の人物像など、違いがよくわからなかったから	19.0
4 位	仕事があったから	17.7
5 位	私一人が投票してもしなくても同じだから	14.6
6 位	選挙によって政治はよくならないと思ったから	14.1
7 位	体調がすぐれなかったから	11.9
8 位	面倒だったから	11.8
9 位	重要な用事（仕事を除く）があったから	10.1
10 位	その他	9.4
11 位	病気だったから	7.4
12 位	メディアの当落事前予測調査を見て、投票に行く気がなくなったから	7.2
13 位	投票所が遠かったから	2.9
14 位	無回答	1.8
15 位	天候が悪かったから（暑すぎた、雨だったなど）	1.6
16 位	今住んでいる所に選挙権がないから	1.3
17 位	今の政治を変える必要がないと思ったから	0.5
18 位	わからない	0.2

※順位は選択率の高さの順位。数字は選択率で、単位は％。
※表 22 は、明るい選挙推進協会『第 23 回参議院議員通常選挙全国意識
　調査　調査結果の概要』（2014 年）8 頁に基づいて、筆者が作成した。

表 22 だ。

　表 22 を見ると、以下のことがわかる。

「適当な候補者も政党もなかったから」

栄えある棄権理由大賞（1位）は、「適当な候補者も政党もなかったから」。

2位以下を大きく引き離し、選択率26.4％だった。

国民の低投票率を嘆いている政党・政治家を見て、「悲しいのはこっちだよ……」と思っている国民もいるかもしれない。

ちなみに、「適当な候補者も政党もなかったから」の選択率は、高齢の世代ほど高くなっていて、20〜39歳では21.3％、40〜59歳では28.9％、60歳以上では42.0％だった。[88]

この棄権理由をふまえると、政党が、国民にとって、より望ましい存在になり、より望ましい候補者を擁立すれば、投票率が上昇すると考えられる。

「あまり関心がなかったから」 「違いがよくわからなかったから」

2位は、選択率19.0％の「選挙にあまり関心がなかったから」と「政党の政策や候補者の人物像など、違いがよくわからなかったから」だ。

まず、「選挙にあまり関心がなかったから」に関して。

「選挙にあまり関心がなかったから」の選択率は、高齢の世代ほど低くなっていて、20〜39歳では23.4％、40〜59歳では16.7％、60歳以上では16.0％だった。[89]

全体の選択率は、「選挙にあまり関心がなかったから」より「適当な候補者も政党もなかったから」の方が高かった。ただ、20〜39歳の選択率は、「適当な候補者も政党もなかったから」より「選挙にあまり関心がなかったから」の方が高かった。

6. 投票率を上昇させる方法

　若年層の投票率を上昇させるためには、やはり、選挙に関心をもたせることが重要といえる。

　次に、「政党の政策や候補者の人物像など、違いがよくわからなかったから」に関して。

　「政党の政策や候補者の人物像など、違いがよくわからなかったから」の選択率は、全ての世代で20.0%程度だった。具体的にいうと、選択率は、20〜39歳では19.2%、40〜59歳では18.3%、60歳以上では21.0%。[*90]「どうせ、政治についてよくわからない若年層が、多数、この選択肢を選び、その結果、この選択肢の選択率が高くなったのだろう。この選択肢の選択率は、中年層・高年層より、若年層の方が、はるかに高かったはずだ」と思っていた人もいるかもしれないが、そうではない。

　そして、この選択肢の選択率が高いのは、政党の責任でもある。

　例えば、選挙の際、政党は、獲得票数を増加させるために、最大公約数的な政策（それを原因として、類似した政策になる）や、故意に曖昧にした政策を打ち出しがちになっている。[*91]また、政党が、国民から嫌がられる政策を、選挙の際の政策集に記載しないこともある、他の政策集には記載しているにもかかわらず。[*92]そんなことでは、「政党の政策の違いがよくわからない」と思う国民がいるのは、当たり前だ。政党がそんなことをしている間は、政治教育を充実させても、投票率は上昇しにくいだろう。

　また、候補者の人物像に関しては、候補者が適切に情報を提供していたら、「候補者の人物像の違いがよくわからない」なんていうことにはならない。金太郎あめではないのだから。

　そして、例えば、政治家・候補者が、インターネットを使用して、自分の人物像・イメージを国民に伝えることは、十分可能だ。

97

政治家・候補者のインターネット上の活動に関しては、HP、ブログ、Twitter、Facebook がよく利用されているが、自分にとって、それらを利用するのが最善なのか、よく考えた方が良い。海外の政治家が使用している Instagram を見てみるのも良いだろう。使用している人は、結構多い。

ちなみに、写真など、視覚的に訴えるビジュアル表現は、情報を効率的に伝達することができ、しかも、見た人に強い印象を与えることができる。そのため、効果的にビジュアル表現を使うためには、どうすれば良いか、ということを考えるのが重要だ。

以上では、政治家・候補者一般に関して述べたが、特に、党首がその人物像・イメージを国民に伝えることは重要だ。党首を重視して、政党・候補者を選択する人も存在する（表1、表2、表3、表4、表5、表6）。

一般に、有権者は政治家・候補者と直接関わることがない、ということをふまえると、以上で述べたことの重要性を納得しやすいだろう。

▯ R = P × B − C + D

ところで、ライカーとオードシュックによる投票参加モデルがある。

$$R = P \times B - C + D$$

R は、有権者が投票することによって得る見返り（利得）。

P は、自分の1票が選挙結果に影響を与える確率についての有権者の主観的判断。

Bは、政党間・候補者間の期待効用差。具体的にいうと、各政党が政権についた場合にもたらすと期待される効用の差や、各候補者が当選した場合にもたらすと期待される効用の差（以上で述べた「政党の政策や候補者の人物像など、違いがよくわからなかったから」という棄権理由が、Bと関係している。有権者がそのように考えている場合、Bの値は小さくなりやすい）。

Cは、投票参加のコスト。例えば、投票参加にかかる時間・労力や、その時間・労力をかければ得られるはずのもの、例えば、バイト代。

Dは、投票によって市民としての義務を果たすことから得られる満足や、自分の政治的選好を表明することから得られる満足などのこと。

R>0の場合、有権者は投票に行く。[93]

また、ライカーたちは、次の指摘もしている。仮に、選択肢間の効用の差がある程度あっても、各選択肢がもたらす効用の絶対的なレベルが非常に低ければ、いい方をかえると、どの政党・候補者にも非常に不満であれば、その有権者は疎外感を抱き、投票に参加する可能性は低くなる[94]（以上で述べた「適当な候補者も政党もなかったから」という棄権理由が、この指摘と関係している）。

有権者が投票に行くようにしたければ、すなわち、投票率を上昇させたければ、そのモデルのP・B・Dの値が大きくなるようにし、Cの値が小さくなるようにすれば良い。そうすれば、R>0になりやすい。

例えば、Dに関しては、教育によって、若年層に強い投票義務感をもたせれば、若年層の投票率は上昇すると考えられる。

また、若年層が投票に行くのが容易な場所に、期日前投票所を

設置すれば、Cの値が小さくなり、若年層の投票率は上昇するだろう。ちなみに、2015年3月、毎日新聞は、期日前投票所・投票率に関して、次の報道をした。「全国10道県知事選の26日告示で始まる統一地方選で若者の投票率向上を狙い、自治体選管が大学の構内に期日前投票所を設置する動きが広がっている」。[*95]

7. ネット選挙と 18歳・19歳

キーワード☞ネット選挙、インターネット利用率、
インターネットを利用する日本人人口、ターゲット、主要な情報源

1 インターネットの世代別利用率が高い世代は？

 さきほど述べたように、選挙運動の中には、ネット選挙がある。
 そして、インターネットの世代別利用率に限った観点からは、その利用率が高い世代ほど、ネット選挙のターゲットとして重要性が高い、すなわち、ネット選挙の主要なターゲットにすべき世代だ（もちろん、選挙権を認められている世代に関しての話だ）。
 では、インターネットの世代別利用率は、どうなっているのだろうか。
 そのことを述べるにあたって、近年のインターネットの世代別利用率を示す。それが表23だ。具体的には、2009年末、2010年末、

101

表 23　インターネットの世代別利用率

区　分	2009 年末の インターネット 利用率	2010 年末の インターネット 利用率	2011 年末の インターネット 利用率	2012 年末の インターネット 利用率	2013 年末の インターネット 利用率
13〜19 歳	96.3	95.6	96.4	97.2	97.9
20〜29 歳	97.2	97.4	97.7	97.2	98.5
30〜39 歳	96.3	95.1	95.8	95.3	97.4
40〜49 歳	95.4	94.2	94.9	94.9	96.6
50〜59 歳	86.1	86.6	86.1	85.4	91.4
60〜64 歳	71.6	70.1	73.9	71.8	76.6
65〜69 歳	58.0	57.0	60.9	62.7	68.9
70〜79 歳	32.9	39.2	42.6	48.7	48.9
80 歳以上	18.5	20.3	14.3	25.7	22.3

※単位は％。
※表 23 は、総務省『平成 21 年通信利用動向調査の結果（概要）』（2010 年）3 頁、総務省『平成 22 年通信利用動向調査の結果（概要）』（2011 年）2 頁、総務省『平成 23 年通信利用動向調査の結果（概要）』（2012 年）2 頁、総務省『平成 24 年通信利用動向調査の結果（概要）』（2013 年）2 頁、総務省『平成 25 年通信利用動向調査の結果（概要）』（2014 年）2 頁に基づいて、筆者が作成した。2015 年 6 月 17 日の時点で、公表されている最新の『通信利用動向調査の結果（概要）』は、『平成 25 年通信利用動向調査の結果（概要）』だ。

2011 年末、2012 年末、2013 年末のインターネットの世代別利用率を示す［なお、13〜19 歳、60〜64 歳、65〜69 歳が 10 歳区切りになっていないのは、総務省『通信利用動向調査の結果（概要）』の区分に従った結果だ］。

　表 23 を見ると、2009 年末〜2013 年末のインターネットの世代別利用率に関して、次のことがわかる。

　まず、現在、選挙権が認められている 20 歳以上の世代を、インターネット利用率が高い順に並べると、① 20〜29 歳、② 30

7. ネット選挙と 18・19 歳

～ 39 歳、③ 40 ～ 49 歳、④ 50 ～ 59 歳、⑤ 60 ～ 64 歳、⑥ 65 ～
69 歳、⑦ 70 ～ 79 歳、⑧ 80 歳以上だ。

　5 位の 60 ～ 64 歳と 6 位の 65 ～ 69 歳をまとめたうえで、同じ
ように並べると、① 20 ～ 29 歳、② 30 ～ 39 歳、③ 40 ～ 49 歳、
④ 50 ～ 59 歳、⑤ 60 ～ 69 歳、⑥ 70 ～ 79 歳、⑦ 80 歳以上だ。
若い世代ほど、利用率が高い。その傾向は、2009 年末～ 2013 年
末の全てで見られる。

　では、18 歳以上の世代では、どうなるのだろうか。新たに、
18 ～ 19 歳の利用率が問題となる。

　表 23 において、18 ～ 19 歳が含まれる区分は、13 ～ 19 歳だ。以下、
18 ～ 19 歳の利用率＝ 13 ～ 19 歳の利用率、として話を進める。

　まず、13 ～ 19 歳の利用率と 30 ～ 39 歳の利用率を比較すると、
2009 年末は 96.3% で同率だが、2010 年末～ 2013 年末は 13 ～ 19
歳の方が高い。要するに、30 ～ 39 歳の方が高かったことはない。

　また、13 ～ 19 歳の利用率と 20 ～ 29 歳の利用率を比較すると、
2012 年末は 97.2% で同率だが、2009 年末～ 2011 年末と 2013 年
末は 20 ～ 29 歳の方が高い。要するに、13 ～ 19 歳の方が高かっ
たことはない。

　以上のことをふまえ、13 歳以上の世代を、利用率が高い順に
並べると、① 20 ～ 29 歳、② 13 ～ 19 歳、③ 30 ～ 39 歳、④ 40
～ 49 歳、⑤ 50 ～ 59 歳、⑥ 60 ～ 69 歳、⑦ 70 ～ 79 歳、⑧ 80 歳
以上だ。最近の世代別利用率、すなわち、2013 年末の世代別利
用率も、そうなっている。

　ただ、13 ～ 19 歳、20 ～ 29 歳、30 ～ 39 歳、40 ～ 49 歳の利用率に、
大きな差はない。2013 年末の利用率は、「13 ～ 19 歳」97.9%、「20
～ 29 歳」98.5%、「30 ～ 39 歳」97.4%、「40 ～ 49 歳」96.6% であり、

103

その差は 2.0% もない。

それに対し、40 ～ 49 歳と 50 ～ 59 歳の利用率には 5.0% 以上の差がある。50 歳以上の世代では、高齢の世代になるほど、利用率が大きく低下している。

以上のように、若年層・中年層・高年層のうち、利用率が高いのは若年層、利用率が低いのは高年層だ。そのため、世代別利用率に限った観点からは、ネット選挙のターゲットとして重要性が高いのは若年層、ネット選挙のターゲットとして重要性が低いのは高年層、ということになる。

ただ、今後、その重要性は変化していく。以下、そのことに関して述べる。

さきほど述べたように、2013 年末、13 ～ 19 歳、20 ～ 29 歳、30 ～ 39 歳、40 ～ 49 歳の利用率は 100.0% に近い。そのため、今後、それらの世代の利用率が大きく上昇することはない。近い将来、高止まりしている、といえる状況になるだろう。

それに対し、50 ～ 59 歳、60 ～ 69 歳、70 ～ 79 歳、80 歳以上の利用率は、上昇する余地がまだまだあるし、実際、上昇するだろう。利用率の高い世代の人が高齢になっていくし、インターネットは日常生活にどんどん浸透していく。今の 13 ～ 19 歳が、数十年後、80 歳以上になったとき、その利用率が 20.0%、30.0% ということはないだろう。なお、近年、それらの世代の利用率は、上昇してきている。具体的にいうと、2009 年末 ～ 2013 年末の間に、利用率は、次の値、上昇した。「50 ～ 59 歳」5.3%、「60 ～ 64 歳」5.0%、「65 ～ 69 歳」10.9%、「70 ～ 79 歳」16.0%、「80 歳以上」3.8%（91.4 － 86.1 ＝ 5.3。76.6 － 71.6 ＝ 5.0。68.9 － 58.0 ＝ 10.9。48.9 － 32.9 ＝ 16.0。22.3 － 18.5 ＝ 3.8）。

7. ネット選挙と 18・19 歳

　以上のことからわかるように、今後、若年層・中年層・高年層
の利用率の差は、小さくなっていく。利用率が高いという若年層
の特徴は、失われていく。そのため、今後、ネット選挙のターゲッ
トとしての重要性は、変化していく。簡単にいうと、若年層の重
要性は相対的に低下し、高年層の重要性は相対的に上昇する。

2　インターネットを利用する日本人人口が多い世代は？

　次に、世代別のインターネットを利用する日本人人口について
述べる。

　述べるにあたって、2013 年 12 月 1 日現在の日本人人口と 2013
年末のインターネット利用率に基づいて、18 歳以上のインター
ネットを利用する日本人人口を示す。それが表 24 だ。[*97]

　表 24 を見ると、世代別のインターネットを利用する日本人人
口に関して、次のことがわかる。

　まず、現在、選挙権を認められている 20 歳以上の世代に関して。

　20 歳以上の世代を、インターネットを利用する日本人人口が
多い順に並べると、① 40 〜 49 歳、② 30 〜 39 歳、③ 50 〜 59 歳、
④ 60 〜 69 歳、⑤ 20 〜 29 歳、⑥ 70 〜 79 歳、⑦ 80 歳以上だ。

　さきほど、表 23 に基づいて、20 歳以上の世代を、インターネッ
ト利用率が高い順に並べたが、それとは順位が大きく違う。特に、
20 〜 29 歳は、インターネット利用率は 1 位だが、インターネッ
トを利用する日本人人口は 5 位だ。

　また、インターネットを利用する日本人人口（千人）は、「20
〜 39 歳」28266、「40 〜 59 歳」31230、「60 歳以上」22143 だ。
そのため、若年層・中年層・高年層のうち、インターネットを利

105

表 24　世代別のインターネットを利用する日本人人口

区　分	日本人人口（千人）α	インターネット利用率（%）β	インターネットを利用する日本人人口（千人）α×β	インターネットを利用する日本人人口（千人）	インターネットを利用する日本人人口（千人）	インターネットを利用する日本人人口（千人）
18〜19歳	2390	97.9	2340	14777	2340	30606
20〜29歳	12626	98.5	12437		28266	
30〜39歳	16252	97.4	15829	15829		
40〜49歳	17865	96.6	17258	31230	31230	31230
50〜59歳	15287	91.4	13972			
60〜64歳	9484	76.6	13270（7265+6005）	22143	22143	22143
65〜69歳	8715	68.9				
70〜79歳	13890	48.9	6792			
80歳以上	9334	22.3	2081			

※表 24 の日本人人口の部分は、総務省統計局『人口推計―平成 26 年 5 月報―』（2014 年）の 2013 年 12 月 1 日現在の日本人人口（確定値）に基づいて、筆者が作成した。表 24 のインターネット利用率の部分は、総務省『平成 25 年通信利用動向調査の結果（概要）』（2014 年）2 頁に基づいて、筆者が作成した。表 24 の上記以外の部分は、以上をふまえ、筆者が作成した。

用する日本人人口が多いのは中年層、インターネットを利用する日本人人口が少ないのは高年層だ。インターネット利用率が高いのは若年層だが、インターネットを利用する日本人人口が多いのは中年層だ。

　では、18 歳以上の世代では、どうなるのだろうか。

　インターネットを利用する日本人人口（千人）は、「18 〜 39 歳」30606、「40 〜 59 歳」31230、「60 歳以上」22143 だ。そのため、

若年層・中年層・高年層のうち、インターネットを利用する日本人人口が多いのは中年層、インターネットを利用する日本人人口が少ないのは高年層だ。

以上のようなことになる理由は、次のとおりだ。まず、若年層の日本人人口は少ない。また、確かに、若年層の利用率は高いが、中年層の利用率もある程度高い、すなわち、40 〜 49 歳の利用率は 96.6% だし、50 〜 59 歳の利用率は 91.4% で、90.0% を超えている。要するに、若年層は、日本人人口の少なさをカバーできるほど、利用率が高くないということだ。

そして、世代別のインターネットを利用する日本人人口に限った観点からは、それが多い世代ほど、ネット選挙のターゲットとして重要性が高い、すなわち、ネット選挙の主要なターゲットにすべき世代だ（もちろん、選挙権を認められている世代に関しての話だ）。インターネット利用率が高くても、日本人人口が少なく、インターネットを利用する日本人人口が少ない世代を、ネット選挙の主要なターゲットにしても、効率的に票を獲得することはできない。

そのため、世代別のインターネットを利用する日本人人口に限った観点からは、ネット選挙のターゲットとして重要性が高いのは中年層、ネット選挙のターゲットとして重要性が低いのは高年層、ということになる。

以上のように、世代別のインターネットを利用する日本人人口に限った観点からは、若年層より中年層の方が、ネット選挙のターゲットとして重要性が高い。

そして、もちろん、さきほど述べたように、若年層より中年層の方が、投票率も高い。

3　各世代の主要な情報源は？
　　テレビ？ 新聞？ インターネット？

　さきほど述べたように、第23回参議院議員通常選挙の際、明るい選挙推進協会は意識調査を実施した。その中に、次の質問があった。「あなたは、政治、選挙に関する情報を主に何から得ていますか。最も多くの情報を得ているものを1つ選んで番号に○をつけてください」。その結果が、表25だ。

　表25を見ると、次のことがわかる。

　全ての世代で、主要な情報源はテレビであり、選択率が50.0%を超えている（テレビの報道をとても気にする政党・政治家がいることの背景には、そのような状況もあるのだろう）。

　ただ、テレビの選択率は、高齢の世代ほど、低くなっている。高齢の世代ほど、新聞の選択率が高くなることを理由に、そうなっていると考えられる。

　また、インターネットの選択率は、テレビと同様、高齢の世代ほど、低くなっている。

　以上で示した傾向が、18～19歳にも当てはまると、テレビ・インターネットの選択率は、20～39歳より18～19歳の方が高くなるし、新聞の選択率は、20～39歳より18～19歳の方が低くなる。

　もっとも、18～19歳が、政治・選挙に関する情報を入手するために、インターネットを利用することが少なければ、具体的にいうと、例えば、「政治・選挙に関する情報を、わざわざ、インターネットを使って調べようとは思わないよ。テレビを見ているときに入ってくる情報だけで十分」と考える傾向が18～19歳に

7. ネット選挙と 18・19 歳

表 25 政治・選挙に関する情報の主要な入手元

区　分	20～39歳	40～59歳	60歳以上	全　体
テレビ	66.2	61.2	52.1	58.6
ラジオ	1.3	1.2	1.5	1.4
新聞	7.1	19.1	34.9	22.9
雑誌	0.0	0.3	0.0	0.1
インターネット	11.1	5.3	1.2	5.1
家族や知人からの話	4.2	2.6	2.3	2.8
その他	0.4	0.6	0.2	0.4
無回答	9.7	9.6	7.8	8.7

※数字は選択率で、単位は％。
※表 25 は、明るい選挙推進協会『第 23 回参議院議員通常選挙全国意識調査　調査結果の概要』(2014 年) 6 頁、60 頁に基づいて、筆者が作成した。

強くあれば、次のようになるかもしれない、テレビの選択率は、20 ～ 39 歳より 18 ～ 19 歳の方が高いが、新聞・インターネットの選択率は、20 ～ 39 歳より 18 ～ 19 歳の方が低い。

8. おわりに

政治参加の機会の拡大

キーワード☞国民、政治参加の機会、選挙、一般的国民投票、争点化

選挙権年齢「18歳以上」。

日本では、国会で、1970年代から、度々、それに関する議論がされてきた[98]（なお、議論がされたというほどではないが、それへの言及は、1960年代以前からされている[99]）。

長年の議論を経て、今回、ついに、日本の選挙権年齢は「18歳以上」になる。

若年層の政治参加の機会は拡大する。

ただ、国民の政治参加の機会に関して、検討すべきことは、まだまだある。

例えば、選挙権年齢のさらなる引き下げ、被選挙権年齢の引き下げ、そして、一般的国民投票の導入だ。

選挙権年齢のさらなる引き下げと被選挙権年齢の引き下げに関しては、さきほど述べた。

だから、ここでは、一般的国民投票の導入に関して、簡単に述べる。

一般的国民投票とは、憲法改正以外の国政上の重要問題を案件とする国民投票だ。原発の稼働の是非を国民投票案件とし、国民が、原発の稼働を認めるとき、投票用紙の「稼働を認める」という文字を○の記号で囲み、原発の稼働を認めないとき、「稼働を認めない」という文字を○の記号で囲む、というのが一般的国民投票の簡単な例だ。

そして、1978年、政府は、諮問的な一般的国民投票なら、憲法上容認されるとした。憲法学の多数説も同様の見解だ。また、世論調査によると、一般的国民投票の導入に賛成する意見が圧倒的に多い。選挙の際、国民は、政党・候補者に投票し、特定の政策に対する賛否を示すわけではない。そのため、一般的国民投票の導入を望む国民が多数存在することは、全く不思議ではない。

一般的国民投票を実施した場合、政府等に都合の悪い民意が示される可能性はある。ただ、主権者は国民なのだから、可能な限り、国民に意思表示の機会を認めるべきだ。

国民の政治参加の機会の拡大に関しては、政党・議員の立場が大きく異なる。また、それは、比較的、国民にわかりやすいテーマだ。だから、選挙の際に、争点化するのも良いだろう。

国民の政治参加の機会が拡大していくことを祈っている。

あとがき

安全保障関連法・伊勢志摩サミットが、若年層の投票行動に与える影響は？

キーワード☞安全保障関連法、落選運動、
伊勢志摩サミット、解散総選挙、投票行動

　公職選挙法等の一部を改正する法律案は、第189回国会で審議され、成立した。

　ただ、第189回国会で審議され、成立したのは、その法律案だけではない。

　安全保障関連法案もだ（安全保障関連法案の内容は、集団的自衛権の行使を可能にすることなどだ）。

　そして、安全保障関連法案に対しては、国民からの強い批判があった。

　その中でも注目されていたのが、若年層による抗議活動だ。

　2015年9月19日に安全保障関連法が成立したことを受け、その抗議活動が、それに賛成した議員の落選運動へ、発展する可能性があるといわれている（その抗議活動では、インターネットが活用されていた。そのため、落選運動に発展した場合も、それが活用されるだろう。そして、それを活用する場合、やろうと思えば、かなりのことができる。なお、表25参照）。

　「集団的自衛権を行使できないという政府の憲法解釈に戻したい」「安全保障関連法を改正したい、廃止したい」という思いを

113

実現するためには、政権交代を起こせば良い。そのため、その抗議活動が、そのような運動に発展するのは、特に不思議なことではない。

若年層は無党派層の割合が高い。そして、無党派層には、短期的な要因で投票先を変更するという特徴がある。[103] また、安全保障関連法は「外交・防衛」に関する法律だが、従来、選挙の際に、「外交・防衛」を考慮する若年層の割合はあまり高くなかった（表7参照）。

2016年の第24回参議院議員通常選挙の際、安全保障関連法は、（18歳・19歳を含む）若年層の投票行動に、どのような影響を与えるのだろうか。その選挙の際に、同法を主要な争点にしようと考えている政党があるので、その影響を気にしている政治家・立候補予定者は、少なくないだろう。なお、もちろん、そう考えている政党が、その選挙に向けて、どのような仕掛けをするかによって、その影響は大きく異なってくると考えられる。

また、その選挙の前、2016年5月26日・27日、日本で、第42回主要国首脳会議（伊勢志摩サミット）が開催される。

各国首脳、特に、選挙を間近に控えた首脳は、サミットを、政治的なパフォーマンスの場にしようとする傾向がある。各国首脳にとって、サミットは、自分を国際的なリーダーとしてアピールする絶好の機会だ。[104]

伊勢志摩サミットは、その選挙の際、若年層の投票行動に、どのような影響を与えるのだろうか（表1、表2、表3、表4、表5、表6参照）。

ちなみに、サミットと選挙といえば、日本でサミットが開催された年には、衆議院の解散総選挙が実施されることが多い。日本では過去5回サミットが開催されているが、そのうち4回は、サ

あとがき

表 26　サミット・解散総選挙の日程

区　分	サミット・開催日程	衆議院解散日	総選挙回次・期日
1979 年	6 月 28 日～ 29 日 第 1 回東京サミット	9 月 7 日	10 月 7 日 第 35 回衆議院議員総選挙
1986 年	5 月 4 日～ 6 日 第 2 回東京サミット	6 月 2 日	7 月 6 日 第 38 回衆議院議員総選挙
1993 年	7 月 7 日～ 9 日 第 3 回東京サミット	6 月 18 日	7 月 18 日 第 40 回衆議院議員総選挙
2000 年	7 月 21 日～ 23 日 九州沖縄サミット	6 月 2 日	6 月 25 日 第 42 回衆議院議員総選挙
2008 年	7 月 7 日～ 9 日 北海道洞爺湖サミット	―	―

※ 2008 年、北海道洞爺湖サミットでは、福田康夫首相（当時）が議長を務めた。ただ、そのサミットの後、9 月 1 日、福田康夫首相（当時）は辞任を表明し、9 月 24 日、福田康夫内閣は総辞職した。

ミットが開催された年に、解散総選挙が実施されている（表 26 参照）。常在戦場、衆議院では、常に、戦いに備えていなければならない。2014 年の第 47 回衆議院議員総選挙から 2 年経過していないが、戦場のど真ん中で寝ていると（油断していると）、2016 年、桶狭間の戦いで討ち取られた今川義元のようになってしまいかねない。

　2016 年に解散があり、第 48 回衆議院議員総選挙が実施されたとき、安全保障関連法は、若年層の投票行動に、どのような影響を与えるのだろうか。衆議院議員総選挙と参議院議員通常選挙では、政権選択選挙としての意義が違う。そのため、2016 年の第 48 回衆議院議員総選挙と第 24 回参議院議員通常選挙では、安全保障関連法が、若年層の投票行動に与える影響が異なる可能性がある。また、もちろん、第 24 回参議院議員通常選挙と第 48 回衆

115

議院議員総選挙が、衆参同日選挙として実施される可能性もある。そして、第24回参議院議員通常選挙が、単独で実施される場合と衆参同日選挙として実施される場合では、安全保障関連法が、その選挙における若年層の投票行動に与える影響が、異なる可能性がある。

　さて、選挙権に関する本や、新しい選挙制度に関する本を出版してきた筆者は、以前から、18歳選挙権に関する本を出版したいと思っていた。専門書・教科書を多数刊行されている昭和堂から、本書を出版でき、嬉しく思っている。

　そして、本書の出版にあたっては、同社の越道京子氏にとてもお世話になっている。

　今後も、もちろん、多くの方々に、ご協力していただくことになる。

　そのような多くのご協力に感謝しつつ、また、この本によって、どのような方とつながることができるのかを楽しみにしつつ、本書を終わる。

　　　　　　　　　　　　　　　　　　　飯田　泰士

NOTE ···

＊1 　正確にいうと、「満20歳以上」だ。20年目の誕生日の前日の
　　　午前０時から「満20歳」とされる〔総務省ウェブサイト「選
　　　挙権と被選挙権」。詳細は、選挙制度研究会『実務と研修のた
　　　めのわかりやすい公職選挙法』（ぎょうせい、第15次改訂版、
　　　2014年）24-25頁参照〕。
　　　　そして、一般に、報道では、選挙権年齢の「満」が省略され
　　　ている。そこで、本書では、引用箇所を除き、選挙権年齢の「満」
　　　を省略する。また、それに合わせて、他の年齢基準に関しても、
　　　同様の表記とする。

＊2 　国政選挙に関しては、2016年の第24回参議院議員通常選挙
　　　から、18歳・19歳の有権者も投票できるようになる見通しだ。
　　　　施行期日等の詳細は、公職選挙法等の一部を改正する法律附
　　　則１条、２条参照。
　　　　公職選挙法等の一部を改正する法律は、参考資料として掲載
　　　した。

＊3 　2015年５月、時事通信は、18歳・19歳の有権者と政党に関
　　　して、次の報道をした。「選挙権年齢の『18歳以上』への引き
　　　下げで新たに生まれる有権者の取り込みに、各党が頭を悩ませ
　　　ている。来年夏の参院選から約240万人が参政権を得る見通
　　　しだが、高校生や大学生は組織化が難しく、支持を束ねる名案
　　　は浮かんでいない。『240万人の有権者は影響力が大きい。大
　　　学生だけでなく高校生にもアプローチする必要がある』。自民
　　　党の谷垣禎一幹事長は最近、党内にこう指示した」〔時事通信
　　　ウェブサイト「『18歳』対策に苦悩＝組織的な支持獲得難しく

117

―与野党」]。

＊4　NHKウェブサイト「時論公論『18歳選挙権実現へ〜政治的・
社会的影響は』」参照。以下、憲法改正と今回の選挙権年齢の
引き下げの関係を、具体的に示す。

　　日本国憲法の改正手続に関する法律は、憲法改正国民投票（憲
法96条）に関する手続について規定している。

　　そして、日本国憲法の改正手続に関する法律の一部を改正す
る法律附則3項は次のとおりだ。「国は、この法律の施行後速
やかに、年齢満十八歳以上満二十年未満の者が国政選挙に参加
することができること等となるよう、国民投票の投票権を有す
る者の年齢と選挙権を有する者の年齢との均衡等を勘案し、公
職選挙法（昭和二十五年法律第百号）、民法（明治二十九年法
律第八十九号）その他の法令の規定について検討を加え、必要
な法制上の措置を講ずるものとする」。

　　公職選挙法等の一部を改正する法律案の提出理由は、同項（日
本国憲法の改正手続に関する法律の一部を改正する法律附則3
項）と関係している。具体的にいうと、公職選挙法等の一部を
改正する法律案の提出理由は次のとおりだ。「日本国憲法の改
正手続に関する法律の一部を改正する法律（平成二十六年法律
第七十五号）附則第三項の規定により必要な措置を講ずること
とされている事項に関し、年齢満十八歳以上満二十年未満の者
が国政選挙に参加することができること等とするとともに、当
分の間の特例措置として少年法等の適用の特例を設ける必要が
ある。これが、この法律案を提出する理由である」［衆議院法
制局ウェブサイト「公職選挙法等の一部を改正する法律案」］。

　　なお、今回の選挙権年齢の引き下げに、憲法改正に向けての
環境整備という意味があったので、一部の政党は、公職選挙法
等の一部を改正する法律案への対応に苦慮した［日本経済新聞

ウェブサイト「社民、18歳選挙権法案に賛成へ　方針転換」
参照]。

　ちなみに、以前、日本国憲法の改正手続に関する法律附則3
条1項に、次の記載があった。「国は、この法律が施行される（著
者注：2010年5月18日）までの間に、年齢満十八年以上満
二十年未満の者が国政選挙に参加することができること等とな
るよう、選挙権を有する者の年齢を定める公職選挙法、成年年
齢を定める民法（明治二十九年法律第八十九号）その他の法令
の規定について検討を加え、必要な法制上の措置を講ずるもの
とする」。衆議院憲法審査会事務局『日本国憲法の改正手続に
関する法律（憲法改正問題についての国民投票制度に関する検
討条項）に関する参考資料』（2012年）2頁参照。

＊5　ちなみに、表7に記載がない政策課題、すなわち、全ての世
代で10位以内に入らなかった政策課題は、「TPPへの参加」
「防災対策」「行政改革・地方分権」「治安対策」「選挙制度」
「社会資本整備・公共事業」「その他」だ［明るい選挙推進協会
『第23回参議院議員通常選挙全国意識調査　調査結果の概要』
（2014年）9頁、57頁参照]。

　ここで、「外交・防衛」「治安対策」に関して補足しておくと、
2014年、アメリカで次のようなことがあった。8月、ISIL
(Islamic State in Iraq and the Levant、イラク・レバントの
イスラム国。いわゆるイスラム国）によるアメリカ人殺害映像
が公開された。そして、それをきっかけに、アメリカの世論が
変化していき、アメリカの有力紙の世論調査の結果に大きな変
化が生じた。すなわち、有権者に11月の中間選挙で何に関心
があるか聞いたところ、8月の世論調査では欄外だった「テロ
対策」が、9月の世論調査では「経済」に次ぐ2位になった［NHK
ウェブサイト「米中間選挙まで1か月　対『イスラム国』が

争点に急浮上」]。

　今後、日本で、同様のことが起こる可能性はある。残念ながら、日本人はテロの標的になっているし、国内でテロが起こる可能性もある〔Bloomberg ウェブサイト「『日本人標的』に走る衝撃、政府はテロ未然防止に全力―人質事件（2）」参照〕。

＊6　飯田泰士『地方選挙ハンドブック―傾向・対策と問題点―』（えにし書房、2015 年）112 頁、明るい選挙推進協会『第 46 回衆議院議員総選挙全国意識調査　調査結果の概要』（2013 年）56 頁。

＊7　産経新聞ウェブサイト「未来の有権者に聞く『18 歳選挙権』で変わる？」。なお、朝日新聞ウェブサイト「大学進学率の地域差、20 年で 2 倍　大都市集中で二極化」、朝日新聞ウェブサイト「家計に負担、遠い大学　地方の生徒『本当は行きたい…』」参照。

　他にも、2015 年 3 月、毎日新聞が次の報道をした。「群馬県の公立高で生徒会長を務める 2 年男子（中略）『現在は学生にメリットがある政策は少ないと感じる。例えば中高校生が海外留学できる機会をもっと増やすよう、幅広く公的支援する制度の導入など、投票を通じて若い世代の考えを政治に反映させたい。選挙では候補者の公約のうち教育政策に注目したい』」「大阪・梅田へ友人と買い物に来た大阪市の高 2 女子（中略）『来年は 18 歳になっている。誰が選挙に出るか知らないけれど、意見が取り入れられるなら投票してみたい。結婚や出産を理由に女性は正規雇用されない傾向がある、と聞いた。働きやすい社会にしてほしい』」〔毎日新聞ウェブサイト「統一地方選：身近な選挙も大事…『18 歳』責任と困惑」。報道内容箇所の『』は、わかりやすくするために、筆者が付けた〕。

NOTE

　また、滋賀県選挙管理委員会と滋賀県明るい選挙推進協議会は、2014 年 7 月 2 日〜 9 月 12 日、県内の高等学校および特別支援学校高等部に在籍する全ての 3 年生（12850 人）を対象として、選挙に関するアンケートを実施した。回収数は、91.49％にあたる 11757 件だった（11757 ÷ 12850 × 100 ＝ 91.49）。

　そのアンケートの中に、次の質問があった。「今、日本の政治が、取り組まなければならないいちばん重要なことがらは、何でしょうか。あなたの考えに近いものを 1 つ答えてください」。その質問の回答を、割合が高い順に並べると、次のとおりだ。①「日本の経済を発展させる」24.4％、②「国内の治安や秩序を維持する」17.3％、③「国民の福祉を向上させる」14.7％、④「わからない」8.9％、⑤「国民の権利を守る」8.8％、⑥「外国との友好を深める」7.8％、⑦「国民が政治に参加する機会を増やす」5.6％、⑧「その他」4.7％、⑨「教育や学力の水準を向上させる」4.3％、⑩「学問や文化の向上を図る」2.9％、⑪「不明・無回答」0.7％。2013 年の調査と比較すると、①「日本の経済を発展させる」は 31.1％から 6.7％低下し、②「国内の治安や秩序を維持する」は 13.6％から 3.7％上昇した［滋賀県選挙管理委員会＝滋賀県明るい選挙推進協議会『平成 26 年度選挙に関するアンケート（高校 3 年生対象）結果報告書』（2014 年）］。

　その結果に基づくと、例えば、高校 3 年生に向けて、ある政党に対するネガティブキャンペーンをする場合、「その政党では、日本の経済を発展させることはできないし、国内の治安を維持することもできない」と理解してもらえるようにすれば良い。

＊ 8　NHK ウェブサイト「NHK『かぶん』ブログ　特集・川内原発

再稼働に鹿児島県が同意」。

＊9　NHK・前掲＊8。

＊10　NHK ウェブサイト「NHK『かぶん』ブログ　原発の再稼働　若い世代に賛成多い傾向」。

＊11　NHK・前掲＊8。

＊12　朝日新聞ウェブサイト「世論調査—質問と回答〈1月17日、18日実施〉」。
　　なお、公職選挙法等の一部を改正する法律案は、2015年3月5日、衆議院に再提出された。その直後、2015年3月6日〜3月8日、読売新聞は全国世論調査を実施した。その世論調査に関する報道は次のとおりだ。「読売新聞社は6〜8日、全国世論調査を実施した。選挙権年齢を『18歳以上』に引き下げることについて聞くと、『賛成』が51％で『反対』の43％を上回った。選挙権年齢を引き下げる公職選挙法改正案は与野党6党などが今国会に提出した。年代別にみると、20歳代と70歳以上を除く全年代で『賛成』が『反対』より多かった。支持政党別では、『賛成』は自民支持層は52％、民主支持層と無党派層はともに51％で、いずれも半数を超えている」〔読売新聞ウェブサイト「選挙権18歳『賛成』51％、内閣支持は55％」〕。
　　また、2015年3月22日、日本経済新聞が次の報道をした。「日本経済新聞社の世論調査で、選挙で投票できるようになる年齢を20歳から18歳に引き下げることについては『賛成だ』が49％で『反対だ』の41％を上回った」〔日本経済新聞ウェブサイト「18歳選挙権『賛成』49％　50代は『反対』が上回

NOTE

る本社世論調査」]。

＊13 丸山敬一『政治学原論』（有信堂、1993 年）112 頁。

＊14 2015 年 3 月 10 日、第 189 回国会衆議院予算委員会第三分科
会で、宮川典子衆議院議員は次の発言をした。「私はもともと
教育現場におりまして、中学校、高校の生徒たちの生活指導を
しておりました」。

＊15 2015 年 3 月、四国新聞が次の報道をした。「知識や経験不足
を不安視する意見も目立つ。（中略）高松市の高校 1 年（中略）は、
『選挙には行かなきゃって思うんだけれど』としながらも、『ク
ラスで「誰に投票する？」って話をして、みんなが合わせてし
まうかも』。不安解消には、学校での教育のあり方も鍵を握り
そうだ」［中略部分には、個人名が含まれていた。四国新聞ウェ
ブサイト「県内高校生、思いが交錯／ 18 歳選挙権」]。

＊16 蒲島郁夫ほか『メディアと政治』（有斐閣、2007 年）90-103
頁。例えば、同書の 95-96 頁は、次の指摘をしている。「テレ
ビは、基本的には娯楽や慰安のための視聴覚メディアとして発
達してきたので、政治に関心の低い人々も長時間利用する。そ
して、娯楽番組を視聴するついでに、政治情報に偶然的・付随
的に接触する機会もあるだろう。低関心層はいつもメディアの
影響の圏外におかれている、とは言えなくなる」。
　なお、前掲＊ 7 で述べたように、滋賀県選挙管理委員会と滋
賀県明るい選挙推進協議会は、2014 年、選挙に関するアンケー
トを実施した。
　そのアンケートの中に、次の質問があった。「あなたは、選
挙が行われているときに、それに関する報道をテレビや新聞で

123

見たことがありますか。それぞれに当てはまるものを 1 つ答えてください」。

その質問のテレビに関する回答は、次のとおりだ。「いつも見ている」10.3%、「たまに見ている」52.5%、「あまり見たことがない」27.1%、「まったく見たことがない」9.9%、「不明・無回答」0.2%。

その質問の新聞に関する回答は、次のとおりだ。「いつも見ている」3.8%、「たまに見ている」20.2%、「あまり見たことがない」36.1%、「まったく見たことがない」37.3%、「不明・無回答」2.7%。

また、そのアンケートの中に、次の質問もあった。「あなたは、政治家が出演している『日曜討論』『たけしの TV タックル』『サンデーフロントライン』『朝まで生テレビ！』などのテレビ討論番組を見たことがありますか。当てはまるものを 1 つ答えてください」。

その質問の回答は、次のとおりだ。「いつも見ている」2.2%、「たまに見ている」24.3%、「あまり見たことがない」36.2%、「まったく見たことがない」37.1%、「不明・無回答」0.2%〔滋賀県選挙管理委員会＝滋賀県明るい選挙推進協議会・前掲＊7〕。

＊17　川人貞史ほか『現代の政党と選挙』（有斐閣、新版、2011 年）190-192 頁。要するに、有権者に馴染みの薄い、難しいことを争点にしても、争点投票は生じにくい、ということだ。

＊18　川人ほか・前掲＊17、190 頁。

＊19　飯田・前掲＊6、73-77 頁参照。

＊20　時事通信ウェブサイト「『投票権無駄にしないで』＝民主代表、

NOTE

女子校でアピール」。

　なお、2015 年 6 月 10 日、第 189 回国会参議院政治倫理の確立及び選挙制度に関する特別委員会で、杉浦真理参考人（立命館宇治中学校・高等学校教諭）は、議員の学校訪問に関して、次の発言をした。「本校の場合は、参議院選挙ごとに各政党に来ていただいて、マニフェストの説明をしてもらって模擬投票をします。なので、是非来年も来ていただいて、そのときに話をしてもらいたいんですね。例えば、アメリカとかイングランドとかスウェーデンとかいろいろ研究に行ってきましたけれども、議員さんが学校に来るって普通なんですよ。何というか、政治はここで行われるものだけじゃなくて、市民と対話するという姿勢があれば、未来の有権者にも是非足を運んでいただいて、いろんな社会の課題について語っていただくような場を是非参議院さんの方もつくっていただければと思います」。

＊21　同様の傾向は、衆議院議員総選挙に関しても、見ることができる［明るい選挙推進協会・前掲＊6、50 頁］。

＊22　また、女性の方が男性より、無党派層の割合が高い。

　若い世代ほど無党派層の割合が高く、女性の方が男性より無党派層の割合が高い、という傾向は、仙台市選挙管理委員会＝仙台市明るい選挙推進協議会『第 3 回仙台市民投票意識調査（平成 25 年 8 月 11 日執行　仙台市長選挙）報告書』（2014 年）61 頁にも表れている。なお、川人ほか・前掲＊17、171-173 頁、日本経済新聞ウェブサイト「無党派層が過去最高の 47%　日経世論調査」、横浜市選挙管理委員会『第 15 回投票参加状況調査（平成 25 年 8 月 25 日執行　横浜市長選挙）』（2014 年）37 頁参照。

　2015 年 3 月 10 日、第 189 回国会衆議院予算委員会第四分

科会で、下村博文文部科学大臣（当時）は、無党派層に関して、次の答弁をした。「どちらかというと、無党派層の傾向が、若い人はそれだけしがらみがありませんから、高くなるというのはあります」。

＊23　選挙権を持つための要件には、積極的要件と消極的要件がある。積極的要件は、その全てを具備していることが必要だ。例えば、選挙権年齢「20歳以上」の場合、20歳以上であることが積極的要件だ。選挙権年齢が「18歳以上」に引き下げられた後は、18歳以上であることが積極的要件だ。また、日本国民であることも、積極的要件だ［総務省・前掲＊1、選挙制度研究会・前掲＊1、23-26頁。公職選挙法9条参照］。

　　消極的要件は、そのいずれにも該当しないことが必要だ。消極的要件は、例えば、①禁錮以上の刑に処せられその執行を終わるまでの者、②禁錮以上の刑に処せられその執行を受けることがなくなるまでの者（刑の執行猶予中の者を除く）、③政治資金規正法に定める犯罪により、選挙権・被選挙権が停止されている者だ［総務省・前掲＊1、選挙制度研究会・前掲＊1、23頁、26-29頁。公職選挙法11条・252条、政治資金規正法28条、電磁記録投票法17条参照（「電磁記録投票法」の正式名称は、「地方公共団体の議会の議員及び長の選挙に係る電磁的記録式投票機を用いて行う投票方法等の特例に関する法律」）］。

　　以上のことからわかるように、選挙権を認められている世代の日本人でも、消極的要件に該当することを原因として、例外的に選挙権を制限されることがある。

＊24　なお、表9を作成する際に用いた総務省統計局『人口推計―平成25年12月報―』（2013年）には次の記載がある。「単

位未満は四捨五入してあるため、合計の数字と内訳の計が一致しない場合がある」。

　また、人口推計の範囲は、我が国に常住している全人口（外国人を含む）だ。ただし、外国人のうち、外国政府の外交使節団・領事機関の構成員（随員及び家族を含む）及び外国軍隊の軍人・軍属（家族を含む）は除いている。また、「常住している」とは、3か月以上にわたって住んでいる又は住むことになっていることをいう［総務省統計局ウェブサイト「平成22年国勢調査を基準とした算出方法（現行）」］。総務省統計局『人口推計―平成25年12月報―』には、2013年7月1日現在の日本人人口（確定値）だけではなく、2013年7月1日現在の総人口（確定値）も記載されている。

　なお、日本人人口はJapanese population、総人口はTotal populationだ。

* 25　総務省統計局『人口推計―平成25年12月報―』（2013年）の2013年7月1日現在の日本人人口（確定値）。

* 26　30～39歳に限定すると、投票率が63.61％以上だったことがある。具体的にいうと、1989年の第15回参議院議員通常選挙の際、30～39歳の投票率は65.29％だった。もっとも、その選挙の際、20～29歳の投票率は47.42％だったので、20～39歳の投票率は63.61％に遠く及ばなかった（表10参照）。

* 27　なお、表12を作成する際に用いた総務省統計局『人口推計―平成27年2月報―』（2015年）には次の記載がある。「単位未満は四捨五入してあるため、合計の数字と内訳の計が一致しない場合がある」。

127

＊28 NHK ウェブサイト「くらし☆解説『集団的自衛権と国民の視線』」。

＊29 選挙制度研究会・前掲＊1、174頁、181頁。

　　　ある行為が「選挙運動」に該当するか否かの判断に関しては、答弁書がある。それは、2005年11月4日、小泉純一郎首相『参議院議員藤末健三君提出インターネット等の選挙運動への活用に関する質問に対する答弁書』だ。

　　　そして、その答弁書には、次の記載がある。「公職選挙法（昭和二十五年法律第百号）に規定する『選挙運動』とは、一般的に、『特定の公職の選挙につき、特定の立候補者又は立候補予定者に当選を得させるため投票を得若しくは得させる目的をもって、直接又は間接に必要かつ有利な周旋、勧誘その他諸般の行為をすることをいうものである』（昭和五十二年二月二十四日最高裁判所判決）と解されており、具体の行為が選挙運動に当たるか否かは、当該行為のなされる時期、場所、方法、対象等を総合的に勘案して判断されるべきものである」。

　　　その記載をふまえるとわかるように、具体的にいかなる行為が「選挙運動」に該当するかは不明確であり、判断が難しい［選挙制度研究会・前掲＊1、173-176頁］。

＊30 なお、例外的に、政党の獲得票数が増加したにもかかわらず、獲得議席が減少することがある。以下、そのことに関して述べる。

　　　ある政党が参議院議員通常選挙のある複数区に複数候補者を擁立するとき、その複数候補者が異なるタイプの候補者である場合、国民の多様なニーズに応えることができる。そのため、その選挙区におけるその政党の（候補者の）獲得票数が増加す

ることが予想されるし、比例代表選挙におけるその政党の獲得票数が増加することが予想される。しかし、その複数候補者間で票が割れてしまい、結果として、その政党の候補者がその選挙区で1人も当選しなくなってしまい、つまり共倒れになってしまい、しかも、比例代表選挙におけるその政党の獲得議席が増加しない可能性がある。

　具体的にいうと、次のとおりだ。ある4人区（改選は2議席）で、政党A・政党B・政党Cがそれぞれ候補者を1人擁立した場合、政党Aの候補者が100、政党Bの候補者が90、政党Cの候補者が80の票を獲得し、政党Aの候補者と政党Bの候補者が当選する、また、その場合、政党Aの比例代表選挙における獲得議席は10議席だ。その4人区（改選は2議席）で、政党Aが候補者を2人、政党B・政党Cがそれぞれ候補者を1人擁立した場合、政党Aの2人の候補者が60と60（合わせて120）、政党Bの候補者が80、政党Cの候補者が70の票を獲得し、政党Bの候補者と政党Cの候補者が当選することになってしまい、しかも、政党Aの比例代表選挙における獲得議席は10議席（のまま）、という可能性がある。

　つまり、参議院議員通常選挙のある複数区に複数候補者を擁立するという選挙戦略は、獲得票数の増加という政党の利益にかなっても、獲得議席の増加という政党の利益を損なってしまう可能性がある。そこで、政党は、参議院議員通常選挙のある複数区に複数候補者を擁立するか否かで迷うことになる。

　「国会における議席を増加させることが重要だ、そして、そのためには獲得票数を増加させた方が良い」と本文で述べたことからわかるように、獲得議席の増加が主たる利益で、獲得票数の増加は獲得議席の増加のための従たる利益だ。そのため、参議院議員通常選挙のある複数区に複数候補者を擁立するという選挙戦略が、獲得票数の増加という政党の利益にかなっても、

獲得議席の増加という政党の利益を損なってしまっては、元も
子もない〔飯田泰士『新法対応！ネット選挙のすべて　仕組み
から活用法まで』（明石書店、2013 年）180-182 頁、飯田・
前掲＊6、134-135 頁参照〕。

＊31　日本経済新聞 2015 年 2 月 18 日日刊 2 頁「若年層の声　政策
に　18 歳選挙権　新有権者 240 万人」。
　　　　また、大田弘子「世代間格差の是正に向けて―歳出・歳入一
体改革を変革の好機に」財務省財務総合政策研究所フィナン
シャル・レビュー 85 号（2006 年）136 頁は、次の指摘をし
ている。「世代間格差の拡大は、財政破綻のような明示的な問
題を起こすわけではない。したがって、世代間の利害調整は多
分に政治的な側面をもち、将来世代の人々が投票権をもたない
がゆえに、現世代にとって有利な選択がなされてしまうところ
に基本的な問題がある」。

＊32　内閣府『平成 17 年度年次経済財政報告』(2005 年)226-227 頁。

＊33　内閣府・前掲＊32、227 頁。NHK・前掲＊4 参照。

＊34　日本人人口（千人）は、「20 ～ 39 歳」28311、「15 ～ 19 歳」
5933、「40 ～ 59 歳」33355 だ。
　　　　$\alpha = 15$ の場合。
　　　　15 ～ 39 歳の日本人人口は、5933+28311 ＝ 34244（千人）
だ。
　　　　だから、15 ～ 39 歳の日本人人口は、40 ～ 59 歳の日本人
人口より多い（34244>33355）。
　　　　$\alpha = 16$ の場合。
　　　　本文でさきほど述べたことからわかるだろうが、単純計算

NOTE

すると、16 ～ 19 歳の日本人人口は、15 ～ 19 歳の日本人人口の 80% だ（4 ÷ 5 × 100 = 80）。そのため、16 ～ 19 歳の日本人人口は、5933 × 80% = 4746（千人）だ。そこで、16 ～ 39 歳の日本人人口は、4746+28311 = 33057（千人）だ。

だから、16 ～ 39 歳の日本人人口は、40 ～ 59 歳の日本人人口より少ない（33057＜33355）。

よって、本文で述べたように、選挙権年齢を「α 歳以上」に引き下げて、α ～ 39 歳の日本人人口を 40 ～ 59 歳の日本人人口より多くするためには、$\alpha \leqq 15$ にする必要がある（表12 参照）。

＊35 日本人人口（千人）は、「20 ～ 39 歳」28311、「15 ～ 19 歳」5933、「10 ～ 14 歳」5674、「5 ～ 9 歳」5266、「60 歳以上」41751 だ。

だから、10 ～ 39 歳の日本人人口は、5674+5933 + 28311 = 39918（千人）だ。

そのため、10 ～ 39 歳の日本人人口は、60 歳以上の日本人人口より少ない（39918＜41751）。

以上のことをふまえ、以下、β ＝ 9 の場合、β ＝ 8 の場合に関して述べる。

β ＝ 9 の場合。

本文でさきほど述べたことからわかるだろうが、単純計算すると、9 歳の日本人人口は、5 ～ 9 歳の日本人人口の 20% だ（1 ÷ 5 × 100 = 20）。そのため、9 歳の日本人人口は、5266 × 20% = 1053（千人）だ。そこで、9 ～ 39 歳の日本人人口は、1053+39918 = 40971（千人）だ。

だから、9 ～ 39 歳の日本人人口は、60 歳以上の日本人人口より少ない（40971＜41751）。

β ＝ 8 の場合。

131

本文でさきほど述べたことからわかるだろうが、単純計算すると、8 〜 9 歳の日本人人口は、5 〜 9 歳の日本人人口の40% だ（2 ÷ 5 × 100 ＝ 40）。そのため、8 〜 9 歳の日本人人口は、5266 × 40% ＝ 2106（千人）だ。そこで、8 〜 39歳の日本人人口は、2106+39918 ＝ 42024（千人）だ。

　だから、8 〜 39 歳の日本人人口は、60 歳以上の日本人人口より多い（42024＞41751）。

　よって、本文で述べたように、選挙権年齢を「β 歳以上」に引き下げて、β 〜 39 歳の日本人人口を 60 歳以上の日本人人口より多くするためには、$\beta \leqq 8$ にする必要がある（表 12 参照）。

＊36　同様の考え方は、選挙権を認められていない者全てに関して成立する。

　選挙権を認められていないことを原因とする不利益の解決方法には、選挙権を認めるということがある〔飯田泰士『成年被後見人の選挙権・被選挙権の制限と権利擁護―精神・知的障害者, 認知症の人の政治参加の機会を取り戻すために』（明石書店、2012 年）48-55 頁、224-230 頁参照〕。

　なお、「その解決方法には、選挙権を認めるということがある」といっているだけで、「選挙権を認めるということが、その解決方法として最善だ」とはいっていない。

＊37　2014 年 5 月 21 日、第 186 回国会参議院憲法審査会で、松田公太参議院議員は次の発言・質問をした。「ドメイン投票制についてお聞きしたいというふうに思います。選挙権年齢の引下げは選挙権を拡大するものなんですけれども、選挙権の拡大という意味においては、ドメイン投票制の導入という議論もしばしばこれは有識者や国民の間でも出てきているわけです。ドメ

イン投票制とは、投票年齢未満の子供たちに対しても権利とし
ては投票権を与え、それを親が代理で行使するということを認
めるというものでございます。この制度は国民投票にも導入で
きるものであると私は考えておりまして、その場合は、今回の
法改正の目的である投票権の拡大を強力に推し進めることにつ
ながるのではないかなというふうに思っております。国民投票
法の改正に当たっては、ドメイン投票制についての議論という
ものは何かされたのか、教えていただければと思います」。

　その発言・質問に対して、2014年5月21日、第186回国
会参議院憲法審査会で、三谷英弘衆議院議員（当時）は次の発
言をした。「お答えいたします。このドメイン投票制、非常に
面白い、そしてこれから検討すべきそういうテーマではないか
というふうに考えております。今まではどうしても、これから
の政治を考える、次世代のための政治を考えるということを言
いましても、その声というものを発露する場所というのが若い、
特に未成年者には与えられてこなかったという構造的な問題を
解決する一つの例ではないかというふうに考えております。そ
の意味では、今まで発議者の中で具体的な議論というものは残
念ながらすることはできませんでしたが、しかしながら、実は
衆議院の方の参考人の質疑の中で、高橋参考人の方からは、赤
ん坊から一票あげて、それを母親ないし父親が代理で投票する
法制度というものがあってもいいのではないかという提案も既
にいただいているところではございますし、私自身はこれに参
加しなかったわけではございますが、昨年行われた憲法審査会
のメンバーによる海外派遣の中では、ドイツでは、もう既に全
ての生まれた子供たちに、ドイツ人のですけれども、選挙権を
与えた上で親が代理投票するという法案、まさにこれドメイン
投票制ですが、この法案が超党派で国会に提出されたというよ
うな事例もございます。そういう議論をこれから行っていくと

133

いうことが極めて重要ではないかと。特に投票権そして選挙権に関しては、これは衆議院の方で私そして枝野議員の方から話をしたことでもございますけれども、例えば納税額によって投票権を認めていくということは、その納税していない人たちから選挙権を認めろという声は出しやすいわけです。また、男性にしか投票権を与えていないという状況では、女性というカテゴリーから投票権をくれという声はこれ出やすいわけです。しかしながら、若年者にどのように投票権を与えるかということについては、それはカテゴリーとしては、投票権がないカテゴリーとしてはこれ明確なんですけれども、数年たてばみんな成年してしまうという意味では、大同団結して権利をくれ、くれということを言うことが構造的に難しいグループなんです。そういう人たちに対してどのように権利を与えていくのかというのは、まさにこれは政治の役割だというふうに考えておりますし、いろんな声があることは十分認識をしておりますけれども、しかしながら、我々みんなの党としては、そういうような声をしっかりと受け止めて、まさに国民の手に政治を奪還する、その一環として、若い方々に政治を開放するということも進めてまいりたいと、このように考えております」。

　以上で紹介した議論のテーマになっているドメイン投票制に関しては、総合研究開発機構（NIRA）ウェブサイト「『ドメイン投票法』の衝撃」参照。

＊38　20歳以上の日本人人口は、41751＋33355＋28311 ＝ 103417（千人）だ（表13）。

　　20歳以上の日本人人口に占める60歳以上の割合は、41751 ÷ 103417 × 100 ＝ 40.4（％）。

　　20歳以上の日本人人口に占める40〜59歳の割合は、33355 ÷ 103417 × 100 ＝ 32.3（％）。

NOTE

　20 歳以上の日本人人口に占める 20 〜 39 歳の割合は、
28311 ÷ 103417 × 100 = 27.4（%）。

＊ 39　18 歳 以 上 の 日 本 人 人 口 は、41751+33355+30684 =
105790（千人）だ（表 13）。

　18 歳以上の日本人人口に占める 60 歳以上の割合は、
41751 ÷ 105790 × 100 = 39.5（%）。

　18 歳以上の日本人人口に占める 40 〜 59 歳の割合は、
33355 ÷ 105790 × 100 = 31.5（%）。

　18 歳以上の日本人人口に占める 18 〜 39 歳の割合は、
30684 ÷ 105790 × 100 = 29.0（%）。

＊ 40　0 歳以上の日本人人口は、41751+33355+30684+19655 =
125445（千人）だ（表 13）。

　0 歳以上の日本人人口に占める 60 歳以上の割合は、41751
÷ 125445 × 100 = 33.3（%）。

　0 歳以上の日本人人口に占める 40 〜 59 歳の割合は、
33355 ÷ 125445 × 100 = 26.6（%）。

　0 歳以上の日本人人口に占める 18 〜 39 歳の割合は、
30684 ÷ 125445 × 100 = 24.5（%）。

　0 歳以上の日本人人口に占める 0 〜 17 歳の割合は、19655
÷ 125445 × 100 = 15.7（%）。

＊ 41　厚生労働省ウェブサイト「平成 25 年（2013）人口動態統計（確
定数）の概況　統計表第 4 表母の年齢（5 歳階級）・出生順位
別にみた出生数」、政府統計の総合窓口ウェブサイト（e-Stat）
「平成 25 年　人口動態統計　保管統計表（報告書非掲載表）
嫡出出生数、父の年齢（5 歳階級）・出生当時の世帯の主な仕
事別」参照。

＊42 2015 年 3 月、18 〜 19 歳の割合に関して、日本経済新聞が次の報道をした。「選挙権年齢の引き下げで若年層の政治参加の機会は拡大するが、18、19 歳は昨年の衆院選時点の有権者数でみると約 2% にすぎない」[日本経済新聞ウェブサイト「高齢者偏重の是正に期待　選挙権年齢、引き下げへ」]。

＊43 福井新聞ウェブサイト「生かせ 18 歳選挙権　若者こそ未来開く主役だ」、毎日新聞ウェブサイト「18 歳に選挙権法案提出：深刻な若年層投票率低下」、毎日新聞ウェブサイト「統一地方選：身近な選挙も大事…『18 歳』責任と困惑」参照。

＊44 2012 年 3 月 2 日、野田佳彦首相『衆議院議員馳浩君提出若年層における選挙の低投票率に関する質問に対する答弁書』では、若年層の低投票率に関して、次の答弁がされた。「若年層の投票率については、例えば、平成二十一年に執行された衆議院議員総選挙においては全体の投票率が六十九・二八パーセントとなっているところ、選挙後に総務省が行った抽出調査（以下『抽出調査』という。）では二十歳から二十四歳までの投票率は四十六・六六パーセントとなっており、また、平成二十二年に執行された参議院議員通常選挙においては全体の投票率が五十七・九二パーセントとなっているところ、抽出調査では二十歳から二十四歳までの投票率は三十三・六八パーセントとなっており、いずれも他の世代に比較して低い投票率となっている。若年層の投票率を含め一般に投票率が低いということについては、民主主義の健全な発展の観点から、遺憾なことであり、憂慮すべきことと受け止めている」。

　2015 年 3 月 25 日、第 189 回国会衆議院総務委員会で、稲山博司総務省自治行政局選挙部長（当時）は、若年層の低投票率に関して、次の答弁をした。「御指摘ございましたように、

NOTE

投票率の低下傾向がある中で、特に若者の皆様が選挙なり投票に関心が非常に低いといったことは大変憂慮すべきことと考えております。現在、選挙権年齢の引き下げにつきまして御議論が進み、また法案が提出されておるわけでございまして、これを受けまして、私どもといたしましては、若者、特に主権者になられる若い方々に対してその意識を育んでいく、こういった活動が大変重要なことというふうに考えております」。

* 45　川人ほか・前掲* 17、186-187 頁。

本文で述べたように、日本では、社会経済的地位と投票参加の間に、明確な関連は見られない。その理由を 1 つあげると、日本では投票参加のコストが相対的に低い、例えば、有権者登録の必要がない、ということだ［川人ほか・前掲* 17, 187 頁]。

そして、選挙に関する制度が違うということをふまえると、日本と他国の投票率をただ比較しても、あまり意味はない。そのことに関して、野田・前掲* 44 では、次の答弁がされた。「若年層の投票率を含め選挙の投票率については、国によって政治や選挙の制度が異なることなどから、各国間で単純に比較できないものであり、お尋ねにお答えすることは困難である」。

* 46　スマート・ライフ・プロジェクトウェブサイト「スマート・ライフ・プロジェクトとは」。

なお、健康寿命とは、健康上の問題で日常生活が制限されることなく生活できる期間のことだ［厚生労働省厚生科学審議会地域保健健康増進栄養部会次期国民健康づくり運動プラン策定専門委員会『健康日本 21（第 2 次）の推進に関する参考資料』（2012 年）19 頁]。

* 47　例えば、2011 年の愛知県知事選挙・福岡県知事選挙では、投

137

票率のピークが 70 ～ 74 歳だった［愛知県『愛知県知事選挙
年齢別男女別投票率（平成 23 年 2 月 6 日執行)』(2011 年)、
福岡県『平成 23 年 4 月 10 日執行　福岡県知事選挙における
男女別・年齢別投票状況』(2011 年) 1 頁]。

＊ 48　いうまでもないだろうが、80 歳以上の中でも、世代によって、
投票率に差があると考えられる。本文でさきほど述べた投票参
加・年齢に関する見解をふまえると、例えば、80 ～ 85 歳の
投票率は 100 ～ 105 歳の投票率より高いと考えられる。また、
80 ～ 85 歳の投票率は 80 歳以上の投票率より高いと考えられ
る。

＊ 49　飯田・前掲＊ 30、93-94 頁、飯田・前掲＊ 6、61-63 頁参照。
なお、2015 年 3 月 13 日、安倍晋三首相『参議院議員藤末
健三君提出投票率向上のための施策に関する質問に対する答弁
書』では、次の答弁がされた。「投票率については、選挙の争
点や当日の天候など様々な要因が総合的に影響するものと考え
られ、啓発活動との関連性を一概に申し上げられないが、近年
の国政選挙後の調査によれば、選挙の際にインターネットを通
じて投票参加の呼び掛けに関する情報に接した人の割合を年齢
層別に見ると、二十歳から三十歳代における割合は、他の年齢
層における割合よりも高くなっており、このような調査結果な
どを踏まえると、インターネットを活用した啓発活動は、若年
層の投票率の向上に一定の効果があったものと考えている。今
後も、若年層の投票率の向上に向けて、インターネットの活用
をはじめ、様々な手法により啓発活動を展開してまいりたい」。
また、その答弁でふれられている天候と投票率の関係に関し
て、2014 年 12 月、朝日新聞は次の報道をした。「天気と投票
率の関係に詳しい田中善一郎・東京工業大名誉教授（政治学）

NOTE

によると、投票率は曇り、晴れ、雨の順に下がる傾向がある。雨なら外出を控え、好天すぎると行楽で遠出する有権者が増えるためだ」[朝日新聞ウェブサイト「強い寒気、衆院選投票率も冷え込む？　各地で雪の予報」]。

＊50　しかも、その可能性は現実的な可能性だ。

　　　ここで、参考になることを述べておく（表 14 参照）。

　　　まず、近年の参議院議員通常選挙において、40 ～ 44 歳の投票率は 80 歳以上の投票率より、次の値、高い、第 21 回参議院議員通常選挙 8.20%、第 22 回参議院議員通常選挙 6.81%、第 23 回参議院議員通常選挙 4.15%（58.08 － 49.88 = 8.20。56.15 － 49.34 = 6.81。48.90 － 44.75 = 4.15）。その値は、明らかに、小さくなってきている。

　　　また、近年の衆議院議員総選挙において、40 ～ 44 歳の投票率は 80 歳以上の投票率より、次の値、高い、第 45 回衆議院議員総選挙 14.27%、第 46 回衆議院議員総選挙 8.61%、第 47 回衆議院議員総選挙 2.55%（70.37 － 56.10 = 14.27。56.69 － 48.08 = 8.61。47.44 － 44.89 = 2.55）。その値は、明らかに、小さくなってきている。

＊51　総務省ウェブサイト「衆議院議員総選挙における年代別投票率（抽出）の推移」。

　　　なお、1967 年の第 31 回衆議院議員総選挙では、20 ～ 29 歳の投票率が 70 歳以上の投票率より高かった。しかし、1969 年の第 32 回衆議院議員総選挙以降は、70 歳以上の投票率が 20 ～ 29 歳の投票率より高い[総務省の同ウェブサイト参照]。

＊52　愛媛新聞ウェブサイト「選挙権年齢引き下げ　若者の政治参加

139

を促す契機に」。

　なお、本文で述べていることに関する質問主意書・答弁書がある。ここで、それを示す。

　2012 年 2 月 21 日、馳浩衆議院議員『若年層における選挙の低投票率に関する質問主意書』では、次の質問がされた。「投票率が低いことで、若年層自身がどのような不利益を受けるものと考えられるか、政府の見解を示されたい」「国の政策や政治家の行動において、若年層投票率が低いことにより、若年層が期待するような政策の優先順位が後回しにされ、より投票率の高い、高齢世代に対する施策が充実されてきたと一般的には言われているが、この投票率が及ぼす、政策的な意思決定への影響について政府はどのように認識されているか、見解を示されたい」。

　その質問に対し、野田・前掲＊44 では、次の答弁がされた。「年代による投票率の違いによる若年層への『不利益』や『政策的な意思決定への影響』について一概にお答えすることは困難であるが、政府としては、国民全体の福祉の向上に取り組むべきものと考えている」。無難な答弁だ。

＊53　実際、18 ～ 19 歳の低投票率を心配する声がある。

　　　例えば、2015 年 3 月、朝日新聞が次の報道をした。「イベントでは、与野党 9 党の議員もあいさつ。（中略）民主党の江田五月・憲法調査会長は『皆さんも責任重大。18、19 歳に選挙権を与えたら投票率が 10% なんてことにしないように』と訴えた」［朝日新聞ウェブサイト「18 歳選挙権を先取り　模擬投票で体験　政策も議論」］。

＊54　20 歳の投票率の平均値は、(32.98＋48.33＋35.86＋36.70 ＋31.38＋30.89) ÷ 6 ＝ 36.02（%）。

140

NOTE

　21 歳の投票率の平均値は、(32.27+46.46+31.63+34.15
+29.72+27.36) ÷ 6 = 33.60 (%)。
　22 歳の投票率の平均値は、(32.55+44.65+33.15+34.55
+30.77+28.52) ÷ 6 = 34.03 (%)。
　23 歳の投票率の平均値は、(31.79+46.92+33.17+34.28
+32.17+29.92) ÷ 6 = 34.71 (%)。
　24 歳の投票率の平均値は、(34.42+46.96+34.68+36.78
+31.83+31.83) ÷ 6 = 36.08 (%)。
　20 ～ 24 歳の投票率の平均値は、(32.82+46.66+33.68
+35.30+31.18+29.72) ÷ 6 = 34.89 (%)。
　25 ～ 29 歳の投票率の平均値は、(38.93+52.13+38.49
+40.25+35.41+35.32) ÷ 6 = 40.09 (%)。

＊55　同様の状況は、東京都知事選挙や東京都議会議員選挙でも見ら
　　　れる。東京都選挙管理委員会ウェブサイト「若年層投票率の推
　　　移（東京都知事選挙）」、東京都選挙管理委員会ウェブサイト「若
　　　年層投票率の推移（東京都議会議員選挙）」、東京都選挙管理委
　　　員会ウェブサイト「若年層投票率の推移（総括表）」参照。そ
　　　れらを見ると、本文で述べたことがただの偶然ではない、と納
　　　得しやすいと考えられる。

＊56　北海道新聞ウェブサイト「20 代投票率、右肩下がり　前回
　　　37%　36 年前から半減　知事選『関心持たす教育必要』」、
　　　NHK・前掲＊ 4。

＊57　政治関心度と投票参加の間には、密接な関係がある。
　　　　本文でさきほど述べたように、第 23 回参議院議員通常選挙
　　　の際、明るい選挙推進協会は意識調査を実施した。その中に、
　　　投票に行ったか否かを問う質問があった。

141

結果は、「投票に行った」72.3%、「投票に行かなかった」27.7%。

ただ、「あなたはふだん国や地方の政治についてどの程度関心を持っていますか」という質問に対する回答によって、すなわち、政治関心度によって、その割合は大きく違った。以下、具体的に述べる。

「非常に関心を持っている」と回答した人は、「投票に行った」89.1%、「投票に行かなかった」10.9%。

「多少は関心を持っている」と回答した人は、「投票に行った」73.7%、「投票に行かなかった」26.3%。

「あまり関心を持っていない」と回答した人は、「投票に行った」50.6%、「投票に行かなかった」49.4%。

「全く関心を持っていない」と回答した人は、「投票に行った」23.5%、「投票に行かなかった」76.5%〔明るい選挙推進協会・前掲＊5、30頁、35頁〕。

若年層は、政治的関心が他の世代より低い。それを理由の1つとして、若年層の投票率が低いと考えられている〔常時啓発事業のあり方等研究会『最終報告書 社会に参加し、自ら考え、自ら判断する主権者を目指して〜新たなステージ「主権者教育」へ〜』（2011年）2頁〕。

なお、若年層は、投票義務感・政治的有効性感覚も、他の世代より低い。それも、若年層の投票率が低い原因になっていると考えられている〔常時啓発事業のあり方等研究会の同報告書2頁〕。

＊58 教育基本法14条2項に関しては、次の指摘がされている。「我が国の将来を担う子どもたちにも、早い段階から、自分が社会の一員であり、主権者であるという自覚を持たせることが重要である。しかしながら、現在の学校教育においては、教育基本法第14条第1項が『良識ある公民として必要な政治的教養

は、教育上尊重されなければならない』と政治教育の重要性を謳っているにも関わらず、同条第2項が『法律に定める学校は、特定の政党を支持し、又はこれに反対するための政治教育その他政治活動をしてはならない』と政治的中立を要請していること等から、学校の政治教育には過度の抑制が働き、十分に行われてこなかった。小学校、中学校、高校とも政治・選挙に関する教育の時間は限られており、政治や選挙の仕組みは教えても、選挙の意義や重要性を理解させたり、社会や政治に対する判断力、国民主権を担う公民としての意欲や態度を身につけさせるのに十分なものとはなっていない。特に、政治的中立性の要求が非政治性の要求と誤解され、政治的テーマ等を取り扱うこと自体が避けられてきた傾向にある」［常時啓発事業のあり方等研究会・前掲＊57、3頁］。

　京都新聞ウェブサイト「18歳から選挙権　民主主義の作法学ぼう」参照。

＊59　2015年3月31日、安倍晋三首相『参議院議員浜田和幸君提出選挙権年齢等の引下げに関する質問に対する答弁書』では、次の答弁がされた。「学校においては、政治や選挙への関心を高める取組として、例えば、国政選挙等に合わせた模擬選挙や、地域の課題について調べ、その解決策を請願書としてまとめたり、子供議会で提言したりする等の体験活動を実施し、高い教育効果を挙げているところもある。文部科学省としては、これまでもこのような取組に対し、予算措置も含めた支援をしてきており、今後も、模擬選挙等、主体的に社会に参画するための知識や実践力、態度を育むための義務教育段階における優れた取組の普及に努めてまいりたい」「御指摘の義務教育諸学校における教育の政治的中立の確保に関する臨時措置法（昭和二十九年法律第百五十七号）第三条の規定は、学校において模

擬選挙や校内討論会等の取組を行うことを禁止するものではないが、こうした取組を行う際には、学校教育の政治的中立性を確保するため、教育基本法（平成十八年法律第百二十号）第十四条第二項等の規定に留意する必要があると考えている」。

なお、その答弁でふれられている義務教育諸学校における教育の政治的中立の確保に関する臨時措置法３条は、次のとおりだ。「何人も、教育を利用し、特定の政党その他の政治的団体（以下『特定の政党等』という。）の政治的勢力の伸長又は減退に資する目的をもつて、学校教育法に規定する学校の職員を主たる構成員とする団体（その団体を主たる構成員とする団体を含む。）の組織又は活動を利用し、義務教育諸学校に勤務する教育職員に対し、これらの者が、義務教育諸学校の児童又は生徒に対して、特定の政党等を支持させ、又はこれに反対させる教育を行うことを教唆し、又はせん動してはならない」。

＊ 60　常時啓発事業のあり方等研究会・前掲＊ 57、3-4 頁、16-19 頁。

＊ 61　総務省ウェブサイト「常時啓発事業のあり方等研究会（平成23 年 7 月 25 日開催）（資料）近藤孝弘　ドイツの政治教育における政治的中立性の考え方」、高選圭「『選挙』をテーマにしたシティズンシップ教育」Voters No.5（2012 年）21 頁。

＊ 62　在日オーストラリア大使館ウェブサイト「オーストラリアについて　選挙」。

＊ 63　朝日新聞ウェブサイト「投票率が 9 割を超える訳は『屋台』やネット投票も」、佐藤令「連邦議会選挙の制度と実態—オーストラリア 2007 年連邦議会選挙の概要—」国立国会図書館調査及び立法考査局『オーストラリア・ラッド政権の 1 年　総合調

査報告書』（2009 年）61 頁、在日オーストラリア大使館・前掲 * 62。

* 64　野田・前掲 * 44 では、義務投票制度に関して、次の答弁がされた。「御指摘の『義務投票制度』については、『公務員を選定し、及びこれを罷免することは、国民固有の権利である』と規定する憲法第十五条との関係からも、慎重な検討を要するものと考えられるが、いずれにせよ、お尋ねの『若年層投票率が高い他国にて行われているような義務投票制度や郵便投票制度、電子投票制度等といった取り組み』については、選挙手続の中核である投票方法の在り方の問題であることから、各党各会派において十分に議論していただくべきものと認識している」。

* 65　明るい選挙推進協会・前掲 * 5、30 頁。

* 66　憲法 26 条 2 項は「すべて国民は、法律の定めるところにより、その保護する子女に普通教育を受けさせる義務を負ふ。義務教育は、これを無償とする」とする。
　　　憲法 27 条 1 項は「すべて国民は、勤労の権利を有し、義務を負ふ」とする。
　　　憲法 30 条は「国民は、法律の定めるところにより、納税の義務を負ふ」とする。

* 67　2014 年 6 月 4 日、第 186 回国会参議院憲法審査会で、小林良彰参考人（慶應義塾大学法学部教授）は、投票の義務化に関して、次の発言をした。「今、オーストラリアの選挙制度というのは非常に複雑な選挙制度で、移譲式ですから、五十人立候補したら一番から五十番まで全部順位付けなきゃいけないというので、非常に投票率が下がったので、二千五百円だったり

五千円ぐらいの罰金を科しているということになります。ただ、私は、残念ながら、日本がそうなってほしくないと思っております。いろんな国がいろんな義務投票制を持っています。投票に行くと米が安く買えるという国もあれば、投票に行かないと給料が引き下ろせないという国もあるんですけれども、ちょっとそういう国のレベルでは日本はないはずだというふうに私は思いたい。そうでなくても行ってほしい。つまり、やはり投票意欲の違いを、実際に投票されてしまえば全部一票で、同じ等価値で計算することになりますよね。ですから、それが、本当は行かないんだけど取られるから行った一票と、本当に自分の意思で入れた一票を同じに扱うことの問題というのが実は起きるのではないのか。それを入れずとも、その一定の投票率を確保する努力を我々がすべきであるというふうに考えております」。

　2014年6月4日、第186回国会参議院憲法審査会で、愛敬浩二参考人（名古屋大学大学院法学研究科教授）は、投票の義務化に関して、次の発言をした。「先ほど小林先生の中にもありましたけれども、今、日本において、政治によって何かを変えることができないから投票率が低いとするならば、そこで義務的投票を入れるというのは、要するに達成感がないにもかかわらず強制されて、ますます政治を嫌いになってしまうかもしれませんので、大切なことは、今、国民が投票をしに行きたくなるような政治が行われることだと思いますので、私自身は今のところ義務的投票には賛成しておりません」。

＊68　さきほど、本文で、投票義務の条文を憲法に追加すべきであるという永岡洋治衆議院議員（当時）の発言を紹介した。永岡洋治衆議院議員（当時）は、その発言の直後に、次の発言をした。「以上のような主張に対しては、特にリベラリズムの立場から、

NOTE

道徳的な規定を置くことや義務規定の増設、これは近代立憲主義の流れから外れ、人権を変質させる危険性があるとの批判が予想されるところであります」。

憲法の義務規定強化に関する問題点は、伊藤正己『憲法』(弘文堂、第3版、1995年) 408-409頁参照。

＊69　2012年4月5日、第180回国会衆議院憲法審査会で、橘幸信衆議院法制局法制企画調整部長(当時)は、憲法改正国民投票の経費に関して、次の答弁をした。「自民・公明両党案の国民投票法案に付された経費文書は八百五十億円でございました。民主党案の国民投票法案に付されました経費文書は八百五十二億円でございました。二億円の差は何かといいますと、民主党案におきましては当初から十八歳投票権でございましたので、この二歳分の投票事務費等として二億円をオンしたものでございます。ほとんどの八百五十億円につきましては中央選挙管理会などが使うわけですけれども、しかし、国民に対する周知広報は国会に設けられます国民投票広報協議会、つまり先生方が国会の事務局を使って全国民に全て周知広報するのだ、テレビでも新聞でもそうやって周知広報する、そのような費用として八百五十億円余が積算されたものと承知しております」。

＊70　2014年11月17日、第187回国会参議院政治倫理の確立及び選挙制度に関する特別委員会で、稲山博司総務省自治行政局選挙部長(当時)は、衆議院議員総選挙の経費に関して、次の答弁をした。「お答えをいたします。ちょっと手元に資料を用意しておりませんが、約七百億程度掛かるものと存じます」。

＊71　公職選挙法等の一部を改正する法律案の提出者の1人である船

田元衆議院議員は、2015年6月2日、第189回国会衆議院政治倫理の確立及び公職選挙法改正に関する特別委員会で、選挙権年齢を「18歳以上」に引き下げる意図に関して、次の発言をした。「そこで、御質問の、なぜ十八歳引き下げなのかということで、その意図がどうなんだろうか、こういうお話でございました。これにつきましては、この提案理由の説明の文では、非常に簡潔に、国民投票法の附則に書いてある、それを実現させるためだということしか書いていない、こういう御指摘でございましたが、まことにそのとおりでありまして、大変これは、ある意味で誤解を招く、ある意味で言葉が足りなかったということでございます。私たちは決して、憲法改正国民投票法に付随してこの問題が出てきたというよりも、それが一つのきっかけでございまして、しかし、もともと選挙権年齢については、やはり世界標準である十八歳にいずれ引き下げるべきだ、こういう考え方もございましたので、国民投票法が少し先行いたしましたけれども、選挙権を引き下げるということはメーンのテーマとして我々はしっかり取り組んでいかなきゃいけないということは、まず申し上げたいと思います。そして、やはり若い人々の選挙への関心あるいは政治への関心ですね。よくシルバーデモクラシーと言われるように、お年寄りの投票率が非常に高いということも背景にありまして、我々自民党もそうですけれども、各政党が、どちらかというと若者よりは年齢がいった方々に対する政策がどうしても中心になってしまう。しかし、ここは、少子化の問題あるいは日本の将来を考えた場合には、若い方々のための政策もしっかりと取り組んで、また若い人々にそれをアピールし、そして投票してもらう、こういうことも大変重要である。こういうことで、民主主義の発展とともに、若者の政治離れとかそういったものを解消するという非常に大きな目的があって今回の十八歳引き下げということにつながっ

NOTE

たんだということでありまして、これは、これからも大いに声を大にして申し上げていきたいと思っております。ただ、法案あるいはその附則、あるいはまた提案理由説明、もう既に出してしまっておりますので、これを改正するわけにはなかなかまいりませんが、答弁を通じて担保していきたい、このように思っておりますので、その点、お許しをいただければと思っております」。

また、2015年5月28日、第189回国会衆議院政治倫理の確立及び公職選挙法改正に関する特別委員会で、船田元衆議院議員は、選挙権年齢を「18歳以上」に引き下げる意図に関して、次の発言をした。「今回の私どもの公職選挙法改正案、十八に選挙権年齢を整えていこう、下げていこうということですが、先ほど申し上げましたように、憲法改正国民投票の投票権年齢を引き下げるということと並んでこのことをやらせていただいているということですが、問題はそれだけに限らず、この公職選挙法における選挙権を十八に下げるということによって、できるだけ多くの若者が、今お話のあったような町づくりであるとか、町づくりを行う政治のあり方とか、あるいは、誰にそれをやらせるのかということをみずからの手で決めていくという、民主主義の中では非常に重要な拡大をもたらすものというふうに思っておりますので、その効果はとても大きいということはまず言えると思います。ただ、今御指摘をいただいたように、憲法改正国民投票法は、国の形を決める、憲法をどうするのかということについて投票いただく、それから、選挙という場合には、政党を選ぶあるいは候補者を選ぶということで、同じ政治ではございますけれども内容は違ってくる、こういう状況にあります。ただ、私たちは、やはり同じ投票行為、同じ参政権の行使ということでくくられるものだと思っておりますので、年齢を合わせるということがふさわしいのではないか、こ

149

う考えた次第でございます」。

＊72 原文を見たい場合は、国立国会図書館ウェブサイト「帝国議会
会議録検索システム」で、それを見られる。なお、堀切善次郎
内務大臣（当時）は、1945 年 12 月 12 日、第 89 回帝国議会
貴族院衆議院議員選挙法中改正法律案特別委員会でも、同趣旨
の答弁をしている。
　　佐藤令ほか『主要国の各種法定年齢―選挙権年齢・成人年齢
引下げの経緯を中心に』（国立国会図書館調査及び立法考査局、
2008 年）4 頁参照。

＊73 2000 年 12 月 5 日、森喜朗首相『衆議院議員加藤公一君提出
未成年者に憲法上保障される選挙権に関する質問に対する答弁
書』は次のとおりだ。「政府としてはお尋ねのような一定額以
上の納税をした満十八歳以上の者にも選挙権を付与する法律案
を提出することを検討したことはないが、公職選挙法（昭和
二十五年法律第百号）上の選挙権を有する者について現行の年
齢満二十歳以上の者に一定額以上の納税をした年齢満十八歳以
上の者を加えることは、憲法第十四条第一項、第十五条第三項
及び第四十四条に照らして問題があるものと考える。なお、政
府が自ら違憲であると考える法律案を国会に提出するようなこ
とは、およそ想定されない」。
　　憲法 14 条 1 項は「すべて国民は、法の下に平等であつて、
人種、信条、性別、社会的身分又は門地により、政治的、経済
的又は社会的関係において、差別されない」とする。
　　憲法 15 条 3 項は「公務員の選挙については、成年者による
普通選挙を保障する」とする。
　　憲法 44 条は「両議院の議員及びその選挙人の資格は、法律
でこれを定める。但し、人種、信条、性別、社会的身分、門地、

NOTE

　　教育、財産又は収入によつて差別してはならない」とする。

＊74　被選挙権年齢には、選挙期日に達していれば良い。立候補の時
　　　点で達している必要はない［総務省・前掲＊1、選挙制度研究
　　　会・前掲＊1、30頁］。

＊75　The Wall Street Journal ウェブサイト「夢が叶った18歳女
　　　子大生、全米最年少の州議会議員に」。

＊76　朝日新聞ウェブサイト「20歳女子大生、『影の外相』破り当選
　　　英国総選挙」。各国の選挙権年齢・被選挙権年齢については、
　　　佐藤ほか・前掲＊72参照。

＊77　例えば、2015年1月、地方議会議員のなり手不足に関して、
　　　毎日新聞が次の報道をした。「都市部で自治体議会が荒れたり、
　　　議員が不祥事を起こしたりするケースが目立つ。無党派層の有
　　　権者が政党の訴えに共鳴し、突風のような追い風で資質を欠く
　　　議員が多数誕生することが、背景の一つとみられる。地方で議
　　　員のなり手不足が深刻化する一方、都市部は『風の副作用』に
　　　苦しんでいる」［毎日新聞ウェブサイト「自治はどこへ：2015
　　　年統一選　名古屋『減税日本』市議、新人28人→11人　『風』
　　　頼み、議員団自滅」。傍点は、強調するために、筆者が付けた］。

＊78　直接民主制は、国民が直接政治を行う制度。

＊79　野中俊彦ほか『憲法Ⅱ』（有斐閣、第5版、2012年）9頁。
　　　　2013年6月13日、第183回国会衆議院憲法審査会で、橘
　　　幸信衆議院法制局法制企画調整部長（当時）は次の答弁をした。
　　　「民主主義というのは、デモクラシー、すなわち、デモスによ

151

るクラティア、民衆による統治ということでございますので、これを別の言葉で言えば、みずからを統治する自治、自己統治ということになると思います。そういたしますと、理念的には、人民みずからが直接にみずからを統治する、統治行為に参画するということになるわけですから、直接民主制がその基本となるべきことが導かれると思います」。

＊80　代表民主制（間接民主制）は、国民の中から代表者を選び、その代表者が国民に代わって政治を担当する制度。

＊81　衆議院憲法調査会事務局『「直接民主制の諸制度」に関する基礎的資料　最高法規としての憲法のあり方に関する調査小委員会（平成 16 年 3 月 4 日の参考資料）』（2004 年）41 頁。
　　　　憲法 79 条 2 項は「最高裁判所の裁判官の任命は、その任命後初めて行はれる衆議院議員総選挙の際国民の審査に付し、その後十年を経過した後初めて行はれる衆議院議員総選挙の際更に審査に付し、その後も同様とする」とする。
　　　　憲法 79 条 3 項は「前項の場合において、投票者の多数が裁判官の罷免を可とするときは、その裁判官は、罷免される」とする。
　　　　憲法 95 条は「一の地方公共団体のみに適用される特別法は、法律の定めるところにより、その地方公共団体の住民の投票においてその過半数の同意を得なければ、国会は、これを制定することができない」とする。
　　　　憲法 96 条 1 項は「この憲法の改正は、各議院の総議員の三分の二以上の賛成で、国会が、これを発議し、国民に提案してその承認を経なければならない。この承認には、特別の国民投票又は国会の定める選挙の際行はれる投票において、その過半数の賛成を必要とする」とする。

NOTE

＊82 野中ほか・前掲＊79、9-10頁、宮下茂「一般的国民投票及び予備的国民投票〜検討するに当たっての視点〜」立法と調査320号（2011年）140頁参照。

＊83 野中俊彦ほか『憲法Ⅰ』（有斐閣、第5版、2012年）544頁は、多くの選挙人が適任者を選ぶのだから、被選挙権に関して年齢制限を設ける必要はなく、少なくとも、選挙権の年齢と同一で良いという見解もあるが、議員としての職務の遂行には選挙人のそれよりも一般的に高い年齢が必要であるとみて、そのような年齢制限がされているのだろう、とする。

長谷部恭男『憲法』（新世社、第3版、2004年）303頁は、年齢制限等に関し、選挙権よりも被選挙権の方が厳しい制限をされている理由として、選挙の結果、公職に就く者が直接国政にたずさわる重要な地位を得ることをあげる。

＊84 伊藤・前掲＊68、111頁。

判例（最大判昭和43年12月4日）は、「憲法一五条一項は、『公務員を選定し、及びこれを罷免することは、国民固有の権利である。』と規定し、選挙権が基本的人権の一つであることを明らかにしているが、被選挙権または立候補の自由については、特に明記するところはない。ところで、選挙は、本来、自由かつ公正に行なわれるべきものであり、このことは、民主主義の基盤をなす選挙制度の目的を達成するための基本的要請である。この見地から、選挙人は、自由に表明する意思によつてその代表者を選ぶことにより、自ら国家（または地方公共団体等）の意思の形成に参与するのであり、誰を選ぶかも、元来、選挙人の自由であるべきであるが、多数の選挙人の存する選挙においては、これを各選挙人の完全な自由に放任したのでは選挙の目的を達成することが困難であるため、公職選挙法は、自

ら代表者になろうとする者が自由な意思で立候補し、選挙人は立候補者の中から自己の希望する代表者を選ぶという立候補制度を採用しているわけである。したがつて、もし、被選挙権を有し、選挙に立候補しようとする者がその立候補について不当に制約を受けるようなことがあれば、そのことは、ひいては、選挙人の自由な意思の表明を阻害することとなり、自由かつ公正な選挙の本旨に反することとならざるを得ない。この意味において、立候補の自由は、選挙権の自由な行使と表裏の関係にあり、自由かつ公正な選挙を維持するうえで、きわめて重要である。このような見地からいえば、憲法一五条一項には、被選挙権者、特にその立候補の自由について、直接には規定していないが、これもまた、同条同項の保障する重要な基本的人権の一つと解すべきである」とする。

＊85　例えば、1969年2月5日、第61回国会衆議院予算委員会で、山中吾郎衆議院議員（当時）は次の発言をした。「一番最初に言われた年齢のことですが、私は教育制度の年齢は、全体を引き下げることは賛成なんですよ。しかし、大学という学術の研究をする場合ならば、十八歳から入学するなら十八歳を成人年齢に民法、刑法を改正すべきだと思うのです。そういう思想なんです。未成年で保護する、人格を認めない、能力を認めないままに、大学において、子供であるからというので、そうしていまのような一方的なものをきめても混乱をするのです。優秀な生徒であり、一つの人生を決定したもので、あらゆる制度を総合的に検討して、大学は十八歳で入れるというなら、十八歳を成人年齢にする。思想的、政治的思想表現も完全に認めて、選挙権も被選挙権も与える。それは同時に、政党は大学の中に政治組織をつくることは自粛すべきである。学生は外に対して政治的表現を完全に認めるが、外から権力で大学を支配するこ

NOTE

とも、中に組織をつくって権力で学問の自由を拘束することも
いけないんだ。大学の自治は、外からの権力を防ぐことと、中
の権力をやはり学問のために防ぐことが必要である。そのかわ
り学生には選挙権も被選挙権も与えて——政治に意思表示をす
るのは選挙行使しかないですから、選挙権も与え、民法、刑法
も能力を与えて、そうしてあらゆる政党は大学の自由を守る
立場にいくべきではないか、こういうことなんです。だから、
二十歳というものに成人年齢を固定しておるのを、十八歳に下
げればいいのです。四歳から教育してもいいでしょう」。

＊86　なお、同日（2015年3月4日）、第189回国会参議院国の統
治機構に関する調査会で、山本太郎参議院議員は、選挙権年齢
の引き下げを求める声に関して、次の発言をした。「若い世代
からは、選挙権年齢を引き下げてくれといった声は大きく聞こ
えてこないんですよね」。

　　　また、2015年3月10日、第189回国会衆議院予算委員会
第四分科会で、下村博文文部科学大臣（当時）は、選挙権年齢
の引き下げを求める声に関して、次の答弁をした。「私も、五
年から十年ぐらい前、十八歳に選挙年齢を引き下げる民間団体
と一緒にいろいろと活動したことがありまして、このときに、
十八歳ですから高校三年生なわけですけれども、高校三年生に
聞くと、ぜひ選挙年齢を十八歳からに引き下げてほしいという
声の方が少ないんですね」。

　　　そして、前掲＊7で述べたように、滋賀県選挙管理委員会
と滋賀県明るい選挙推進協議会は、選挙に関するアンケートを
実施した。

　　　そのアンケートの中に、次の質問があった。「投票年齢を18
歳以上とする国民投票が将来予定され、選挙権についても18
歳以上に引き下げられることが議論されています。あなたは、

155

このことについてどう思いますか?」。

その質問に対する回答は、次のとおりだ。「18歳にしてほしい」16.2%、「20歳のままでよいと思う」59.9%、「その他」3.6%、「わからない」19.1%、「不明・無回答」1.2%［滋賀県選挙管理委員会＝滋賀県明るい選挙推進協議会・前掲＊7］。

以上のことだけに基づくと、高校3年生の投票率は高くなりにくいと考えられる。高校3年生が選挙権を切望していたのなら、その投票率は高くなりやすかっただろう。

＊87　2015年4月、選挙権年齢・被選挙権年齢の引き下げに関して、産経新聞は次の報道をした。「民主党の岡田克也代表は26日、千葉市でのイベントで、選挙権年齢の『18歳以上』への引き下げに関連し、被選挙権年齢の引き下げも検討すべきだとの認識を示した。『被選挙権と選挙権で、あまり差がある必要がない気がする』と述べた。その後、記者団に『投票はできるが、政治家（になる）には十分でないという考え方が果たしていいのか。検討に値するテーマだ』と強調。参院議員の被選挙権が30歳以上であることにも触れ、『これは変だというのが問題意識だ。参院で10代や20代の代表という比例候補がいてもいい』とした」［産経新聞ウェブサイト「被選挙権年齢も引き下げを民主・岡田代表、参院30歳以上『これは変だ』」］。

なお、民主党は、1998年の『基本政策』で、「選挙権・被選挙権年齢の引き下げ」を掲げている［民主党ウェブサイト「1998年基本政策」］。

また、前掲＊7で述べたように、滋賀県選挙管理委員会と滋賀県明るい選挙推進協議会は、選挙に関するアンケートを実施した。そのアンケートの結果をふまえると、「国民の政治参加の機会を増やすことが、政治の重要課題だ」と思っている高校3年生が、一定数存在すると考えられる。そのため、政党等が、

NOTE

高校 3 年生に対して、被選挙権年齢の引き下げを主張すると、支持者が拡大する可能性がある。

＊88　明るい選挙推進協会・前掲＊5、40頁。

＊89　明るい選挙推進協会・前掲＊5、40頁。

＊90　明るい選挙推進協会・前掲＊5、40頁。

＊91　川人貞史ほか『現代の政党と選挙』（有斐閣、2001年）170-171頁。

＊92　飯田泰士『原発国民投票をしよう！　原発再稼働と憲法改正』（えにし書房、2015年）49-54頁、飯田泰士『集団的自衛権―2014年5月15日「安保法制懇報告書」／「政府の基本的方向性」対応』（彩流社、2014年）81頁、186-187頁参照。

＊93　伊藤光利ほか『政治過程論』（有斐閣、2000年）150-151頁、久米郁男ほか『政治学　Political Science: Scope and Theory』（有斐閣、2003年）446-447頁。

＊94　川人ほか・前掲＊17、182-185頁。

＊95　毎日新聞ウェブサイト「統一地方選：大学に期日前投票所を　選管取り組みに差」。

＊96　なお、表23を作成する際に用いた総務省『通信利用動向調査の結果（概要）』には、「6～12歳」のインターネット利用率も掲載されている。ただ、本書には不要なので、表23には、

157

それを記載しなかった。

＊97 なお、本文でさきほど述べたことと同様に、18 ～ 19 歳の日本
人人口は、15 ～ 19 歳の日本人人口の 40% とした。2013 年
12 月 1 日現在、15 ～ 19 歳の日本人人口は 5976（千人）だっ
たので、18 ～ 19 歳の日本人人口は、5976 × 40% ＝ 2390（千
人）。

＊98 初期の首相の答弁を紹介すると、例えば、1972 年 3 月 31 日、
第 68 回国会参議院予算委員会で、佐藤栄作首相（当時）は、
選挙権年齢の「18 歳以上」への引き下げに関して、次の答弁
をした。「これは当然いろいろの考え方があると思っておりま
す。ただいま結論をすぐ出すというわけでもございませんが、
これは大いに検討する、そういうことが必要ではないか。選挙
権も選挙権、同時に、また、成人としての責任を負わすと、こ
ういうような意味からも、やはり、十八歳、その辺がだんだん
各国の実情にもよりますが多くなってきたのではないか、かよ
うに私は思います」「もちろんすぐ結論が出る問題ではござい
ませんが、大いにこれは検討に値すると、かように私は思って
おります」。
　その答弁と関係するので、当時の世界の状況を述べておく。
イギリスでは 1969 年、ドイツ・カナダでは 1970 年、アメリ
カでは 1971 年に、選挙権年齢が「18 歳以上」になっている［佐
藤ほか・前掲＊ 72、10-15 頁、17-19 頁、23-24 頁、32 頁］。

＊99 山中・前掲＊ 85。
　また、1949 年 8 月 1 日、第 5 回国会参議院選挙法改正に
関する特別委員会で、鈴木直人参議院議員（当時）は、選挙権
年齢の引き下げに関して、次の発言をした。「尚選挙方法につ

NOTE

きましてはいろいろありましたが、年齢については現行法通り
でよいというのが佐賀等においては有力でありました。併し
ながら両院共選挙権は十八歳又は二十歳として、被選挙権は
二十五歳に下ぐべきであるという意見も労働組合の方でありま
したが、佐賀ではありました。又参議院の場合においては、被
選挙権は三十五歳にすべきであるという意見が佐賀に同じよう
にあつたのであります」。

＊100 宮下・前掲＊82、142 頁。
　　　1978 年 2 月 3 日、第 84 回国会衆議院予算委員会で、真田
　　秀夫内閣法制局長官（当時）は、一般的国民投票の導入に関し
　　て、次の答弁をした。「現行の憲法がいわゆる間接民主制をとっ
　　ておることは、これはもうおっしゃるとおりでございまして、
　　憲法の前文なりあるいは四十一条ないし四十三条あたりの条文
　　から見ましても、これは明らかに間接民主制を国の統治の機構
　　の基本原理として採用しているわけでございます。憲法自身が、
　　それに対する例外と申しますか、直接民主制を書いている事項
　　もございます。たとえば憲法改正に対する国民投票とか、ある
　　いは最高裁判所裁判官の国民審査の制度とか、あるいはいわゆ
　　る地方特別法の制定に関する住民投票、こういうように限定的
　　に憲法は直接民主制を容認しておる、こういうふうに私たちも
　　理解いたしております。したがいまして、たとえ法律をもって
　　いわゆる住民投票制を設けるといたしましても、いま申しまし
　　たような憲法の趣旨から見まして、その住民投票の結果が法的
　　な効力を持って国政に参加するという形に仕組むことは、これ
　　は憲法上恐らく否定的な結論になるのだろうと思いますが、た
　　だいまおっしゃいましたように、法的な効力は与えない、どこ
　　までも国会が唯一の立法機関であるという憲法四十一条の原則
　　に触れないという形に制度を仕組むということであれば、まず

159

その点は憲法に違反しない。しかも、どういう事項についてこれを国民投票に付するかということについても、国会自身が決めるということであれば、それはやはり国会が国権の最高機関であるという原則にも触れないであろう。したがいまして、個別的な事案につきまして国民全体の意思を、総意を国会がいろいろな御審議の参考にされるために国民投票に付するという制度を立てることが、直ちに憲法違反だとは私も思っておりません」。

＊101 宮下茂「憲法審査会における当面の課題―平成25年参議院議員通常選挙後の新勢力の下において―」立法と調査345号（2013年）109-110頁。

＊102 前掲＊7で述べたように、滋賀県選挙管理委員会と滋賀県明るい選挙推進協議会は、選挙に関するアンケートを実施した。そのアンケートの結果をふまえると、「国民の政治参加の機会を増やすことが、政治の重要課題だ」と思っている高校3年生が、一定数存在すると考えられる。そのため、政党等が、高校3年生に対して、一般的国民投票の導入を主張すると、支持者が拡大する可能性がある。

＊103 森裕城「選挙過程における利益団体の動向：二〇〇五年衆院選・二〇〇七年参院選の分析とJIGS2調査の報告」同志社法学60巻5号（2008年）45頁。

＊104 高瀬淳一『サミット―主要国首脳会議―』（芦書房、2000年）13-14頁。

参考資料編

参考資料編

参考資料①

「公職選挙法等の一部を改正する法律」

（公職選挙法の一部改正）
第一条　公職選挙法（昭和二十五年法律第百号）の一部を次のように改正する。
　第九条第一項及び第二項、第二十一条第一項、第三十条の四並びに第三十条の五第一項中「満二十年」を「満十八年」に改める。
　第百三十七条の二の見出し中「未成年者」を「年齢満十八年未満の者」に改め、同条第一項中「満二十年」を「満十八年」に改め、同条第二項中「満二十年」を「満十八年」に改め、同項ただし書中「但し」を「ただし」に改める。

（地方自治法の一部改正）
第二条　地方自治法（昭和二十二年法律第六十七号）の一部を次のように改正する。
　第十八条中「満二十年」を「満十八年」に改める。

（漁業法の一部改正）
第三条　漁業法（昭和二十四年法律第二百六十七号）の一部を次のように改正する。
　第八十七条第一項中「左の各号の一」を「次の各号のいずれか」に改め、同項第一号中「二十年」を「年齢満十八年」に改める。

（農業委員会等に関する法律の一部改正）
第四条　農業委員会等に関する法律（昭和二十六年法律第八十八号）の一部を次のように改正する。
　第八条第一項中「二十年」を「満十八年」に改める。

附則

（施行期日）
第一条　この法律は、公布の日から起算して一年を経過した日から施行す

163

る。ただし、附則第三条及び第十一条の規定は、公布の日から施行する。

（適用区分）

第二条　第一条の規定による改正後の公職選挙法（以下「新公職選挙法」という。）の規定は、この法律の施行の日（以下「施行日」という。）後初めてその期日を公示される衆議院議員の総選挙の期日の公示の日又は施行日後初めてその期日を公示される参議院議員の通常選挙の期日の公示の日のうちいずれか早い日（以下「公示日」という。）以後にその期日を公示され又は告示される選挙、最高裁判所裁判官国民審査並びに日本国憲法第九十五条、地方自治法第八十五条第一項及び第二百九十一条の六第七項、市町村の合併の特例に関する法律（平成十六年法律第五十九号）第五条第三十二項並びに大都市地域における特別区の設置に関する法律（平成二十四年法律第八十号）第七条第六項に規定する投票（以下「住民投票」という。）について適用し、公示日の前日までにその期日を公示され又は告示された選挙、最高裁判所裁判官国民審査及び住民投票については、なお従前の例による。

2　第三条の規定による改正後の漁業法（附則第四条及び第六条において「新漁業法」という。）の規定及び第四条の規定による改正後の農業委員会等に関する法律（附則第四条及び第六条において「新農業委員会等に関する法律」という。）の規定は、公示日以後に調製され、確定する選挙人名簿（以下この項において「新選挙人名簿」という。）を用いて行われる選挙について適用し、新選挙人名簿以外の選挙人名簿を用いて行われる選挙については、なお従前の例による。

（準備行為）

第三条　新公職選挙法第三十条の六第一項の登録を受けようとする者（施行日において年齢満十八年以上の日本国民に限る。）は、この法律の施行前においても、新公職選挙法第三十条の五第一項の規定の例により、その申請を行うことができる。この場合において、当該申請は、同項の規定による申請とみなす。

（罰則に関する経過措置）

第四条　この法律の施行前にした行為、附則第二条の規定によりなお従前の例によることとされる場合におけるこの法律の施行後にした行為並びに同条の規定により新公職選挙法の規定、新漁業法の規定及び新農業委員会等に関する法律の規定が適用される選挙並びに住民投票に関し施行日から公示日の前日までの間に年齢満十八年以上満二十年未満の者がした選挙運動及び投

参考資料編

票運動に係る行為に対する罰則の適用については、なお従前の例による。

（選挙犯罪等についての少年法の特例）
　第五条　家庭裁判所は、当分の間、少年法（昭和二十三年法律第百六十八号）第二十条第一項の規定にかかわらず、年齢満十八年以上満二十年未満の者が犯した公職選挙法第二百四十七条の罪若しくは同法第二百五十一条の二第一項各号（漁業法及び農業委員会等に関する法律において準用する場合を含む。）に掲げる者と認める者であって年齢満十八年以上満二十年未満のものが犯した同項に規定する罪、同法第二百五十一条の三第一項の組織的選挙運動管理者等と認める者であって年齢満十八年以上満二十年未満のものが犯した同項に規定する罪若しくは同法第二百五十一条の四第一項各号に掲げる者と認める者であって年齢満十八年以上満二十年未満のものが犯した同項に規定する罪又は海区漁業調整委員会の委員の選挙の当選人若しくは農業委員会の委員の選挙の当選人であって年齢満十八年以上満二十年未満のものが犯した漁業法第九十四条若しくは農業委員会等に関する法律第十一条において読み替えて準用する公職選挙法第二百五十一条に規定する罪の事件（次項及び第三項において「連座制に係る事件」という。）について、その罪質が選挙の公正の確保に重大な支障を及ぼすと認める場合には、少年法第二十条第一項の決定をしなければならない。この場合においては、同条第二項ただし書の規定を準用する。
　2　連座制に係る事件に関する少年法第二十三条第一項の規定の適用については、同項中「第二十条」とあるのは、「公職選挙法等の一部を改正する法律（平成二十七年法律第四十三号）附則第五条第一項」とする。
　3　家庭裁判所は、当分の間、年齢満十八年以上満二十年未満の者が犯した公職選挙法（他の法律において準用する場合を含む。）及び政治資金規正法（昭和二十三年法律第百九十四号）に規定する罪の事件（第一項前段に規定する場合に係る連座制に係る事件を除く。）について、少年法第二十条第一項の規定により検察官に送致するかどうかを決定するに当たっては、選挙の公正の確保等を考慮して行わなければならない。
　4　年齢満十八年以上満二十年未満の者であるときに犯した罪に係る公職選挙法（農業委員会等に関する法律において準用する場合を含む。）、漁業法及び政治資金規正法の規定の適用については、当分の間、少年法第六十条の規定は、適用しない。

（少年法の特例に関する経過措置）
　第六条　この法律の施行前にした行為、附則第二条の規定によりなお従前

165

の例によることとされる場合におけるこの法律の施行後にした行為並びに同条の規定により新公職選挙法の規定、新漁業法の規定及び新農業委員会等に関する法律の規定が適用される選挙並びに住民投票に関し施行日から公示日の前日までの間に年齢満十八年以上満二十年未満の者がした選挙運動及び投票運動に係る行為に係る少年法の適用については、なお従前の例による。

　（検察審査会法の適用の特例）

　第七条　年齢満十八年以上満二十年未満の者については、当分の間、検察審査会法（昭和二十三年法律第百四十七号）第六条各号に掲げる者とみなして、同法の規定を適用する。

　2　検察審査会事務局長は、当分の間、検察審査会法第十二条の二第一項の規定により検察審査員候補者名簿を調製したときは、直ちに、同法第九条第一項の通知をした年の次年の一月一日の時点における年齢満二十年未満の者を、検察審査員候補者名簿から消除しなければならない。

　（民生委員法の適用の特例）

　第八条　民生委員法（昭和二十三年法律第百九十八号）第六条第一項の規定の適用については、当分の間、同項中「有する者」とあるのは、「有する者であつて成年に達したもの」とする。

　（人権擁護委員法の適用の特例）

　第九条　人権擁護委員法（昭和二十四年法律第百三十九号）第六条第三項の規定の適用については、当分の間、同項中「住民」とあるのは、「住民であつて成年に達したもの」とする。

　（裁判員の参加する刑事裁判に関する法律の適用の特例）

　第十条　年齢満十八年以上満二十年未満の者については、当分の間、裁判員の参加する刑事裁判に関する法律（平成十六年法律第六十三号）第十五条第一項各号に掲げる者とみなして、同法の規定を適用する。

　2　地方裁判所は、当分の間、裁判員の参加する刑事裁判に関する法律第二十三条第一項（同法第二十四条第二項の規定により読み替えて準用する場合を含む。）の規定により裁判員候補者名簿を調製したときは、直ちに、同法第二十六条第一項の通知をした年の次年の一月一日の時点における年齢満二十年未満の者を、裁判員候補者名簿から消除しなければならない。

　（法制上の措置）

参考資料編

　第十一条　国は、国民投票（日本国憲法の改正手続に関する法律（平成十九年法律第五十一号）第一条に規定する国民投票をいう。）の投票権を有する者の年齢及び選挙権を有する者の年齢が満十八年以上とされたことを踏まえ、選挙の公正その他の観点における年齢満十八年以上満二十年未満の者と年齢満二十年以上の者との均衡等を勘案しつつ、民法（明治二十九年法律第八十九号）、少年法その他の法令の規定について検討を加え、必要な法制上の措置を講ずるものとする。

167

参考資料②

「公職選挙法等の一部を改正する法律案の提出理由」（衆議院法制局ウェブサイト「公職選挙法等の一部を改正する法律案」から引用）

日本国憲法の改正手続に関する法律の一部を改正する法律（平成二十六年法律第七十五号）附則第三項の規定により必要な措置を講ずることとされている事項に関し、年齢満十八年以上満二十年未満の者が国政選挙に参加することができること等とするとともに、当分の間の特例措置として少年法等の適用の特例を設ける必要がある。これが、この法律案を提出する理由である。

参考文献一覧

◆書籍・論文等

愛知県『愛知県知事選挙年齢別男女別投票率（平成 23 年 2 月 6 日執行）』（2011年）

愛知県ウェブサイト「もっと政治に関心を」

明るい選挙推進協会『第 23 回参議院議員通常選挙全国意識調査　調査結果の概要』（2014 年）

明るい選挙推進協会『第 22 回参議院議員通常選挙の実態　調査結果の概要』（2011 年）

明るい選挙推進協会『第 46 回衆議院議員総選挙全国意識調査　調査結果の概要』（2013 年）

明るい選挙推進協会ウェブサイト「参議院議員通常選挙年代別投票率の推移」

明るい選挙推進協会ウェブサイト「衆議院議員総選挙年代別投票率の推移」

芦部信喜『憲法』（岩波書店、新版補訂版、1999 年）

飯田泰士『改憲論議の矛盾―憲法 96 条改正論と集団的自衛権行使容認』（花伝社、2014 年）

飯田泰士『原発国民投票をしよう！原発再稼働と憲法改正』（えにし書房、2015 年）

飯田泰士『憲法 96 条改正を考える』（弁護士会館ブックセンター出版部LABO、2013 年）

飯田泰士『集団的自衛権―2014 年 5 月 15 日「安保法制懇報告書」／「政府の基本的方向性」対応』（彩流社、2014 年）

飯田泰士『新法対応！ネット選挙のすべて　仕組みから活用法まで』（明石書店、2013 年）

飯田泰士『成年被後見人の選挙権・被選挙権の制限と権利擁護―精神・知的障害者、認知症の人の政治参加の機会を取り戻すために』（明石書店、2012 年）

飯田泰士『地方選挙ハンドブック―傾向・対策と問題点―』（えにし書房、2015 年）

伊藤正己『憲法』（弘文堂、第 3 版、1995 年）

伊藤光利『ポリティカル・サイエンス事始め』（有斐閣、第 3 版、2009 年）

伊藤光利ほか『政治過程論』（有斐閣、2000 年）

岩崎美紀子『比較政治学』（岩波書店、2005 年）

大田弘子「世代間格差の是正に向けて―歳出・歳入一体改革を変革の好機に」
　　財務省財務総合政策研究所フィナンシャル・レビュー 85 号（2006 年）

大谷實『刑法講義総論』（成文堂、新版第 4 版、2012 年）

岡田浩＝松田憲忠『現代日本の政治―政治過程の理論と実際―』（ミネルヴァ
　　書房、2009 年）

オフェル・フェルドマン『政治心理学』（ミネルヴァ書房、2006 年）

外務省ウェブサイト「Statement by the Minister for Foreign Affairs of Ja-
　　pan on the Formation of the New Government in Iraq」

蒲島郁夫ほか『メディアと政治』（有斐閣、2007 年）

加茂利男ほか『現代政治学』（有斐閣、第 3 版、2007 年）

川崎修＝杉田敦『現代政治理論』（有斐閣、新版、2012 年）

川人貞史『選挙制度と政党システム』（木鐸社、2004 年）

川人貞史ほか『現代の政党と選挙』（有斐閣、2001 年）

川人貞史ほか『現代の政党と選挙』（有斐閣、新版、2011 年）

君塚正臣『比較憲法』（ミネルヴァ書房、2012 年）

久米郁男ほか『政治学　Political Science: Scope and Theory』（有斐閣、
　　2003 年）

厚生労働省厚生科学審議会地域保健健康増進栄養部会次期国民健康づくり運
　　動プラン策定専門委員会『健康日本 21（第 2 次）の推進に関する参考資
　　料』（2012 年）

厚生労働省ウェブサイト「平成 25 年（2013）人口動態統計（確定数）の概
　　況　統計表第 4 表母の年齢（5 歳階級）・出生順位別にみた出生数」

高選圭「『選挙』をテーマにしたシティズンシップ教育」Voters No.5（2012 年）

国際連合広報センターウェブサイト「マララ・ユサフザイさんの国連本部で
　　のスピーチ（2013 年 7 月 12 日、マララ・デー）」

国立公文書館ウェブサイト「常設展　明治から大正へ」

国立国会図書館調査及び立法考査局『各国憲法集（5）ギリシャ憲法　基本
　　情報シリーズ⑪』（2013 年）

近藤孝弘「ドイツにおける若者の政治教育―民主主義社会の教育的基盤―」
　　学術の動向 2009 年 10 月号（2009 年）

在日オーストラリア大使館ウェブサイト「オーストラリアについて　選挙」

佐々木毅『政治学講義』（東京大学出版会、第 2 版、2012 年）

佐藤哲夫「『3 つの宿題』への対応―日本国憲法の改正手続に関する法律の一
　　部改正―」立法と調査 355 号（2014 年）

佐藤令「連邦議会選挙の制度と実態─オーストラリア 2007 年連邦議会選挙
　の概要─」国立国会図書館調査及び立法考査局『オーストラリア・ラッ
　ド政権の 1 年　総合調査報告書』（2009 年）
佐藤令ほか『主要国の各種法定年齢─選挙権年齢・成人年齢引下げの経緯を
　中心に』（国立国会図書館調査及び立法考査局、2008 年）
参議院憲法審査会ウェブサイト「提出の経緯　日本国憲法の改正手続に関す
　る法律の一部を改正する法律案（衆第 14 号）」。
参議院法制局ウェブサイト「法制執務コラム集　法令の題名、件名及び略称」
ジェラルド・カーティス（山岡清二＝大野一訳）『代議士の誕生』（日経 BP 社、
　2009 年）
滋賀県選挙管理委員会＝滋賀県明るい選挙推進協議会『平成 26 年度選挙に
　関するアンケート（高校 3 年生対象）結果報告書』（2014 年）
自治体国際化協会『オーストリアの地方自治』（2005 年）
衆議院欧州各国憲法及び国民投票制度調査議員団『報告書』（2013 年）
衆議院憲法調査会事務局『「直接民主制の諸制度」に関する基礎的資料　最
　高法規としての憲法のあり方に関する調査小委員会（平成 16 年 3 月 4
　日の参考資料）』（2004 年）
衆議院憲法審査会事務局『日本国憲法の改正手続に関する法律（憲法改正問
　題についての国民投票制度に関する検討条項）に関する参考資料』（2012
　年）
衆議院憲法審査会事務局『日本国憲法の改正手続に関する法律の一部を改正
　する法律案　（船田元君外 7 名提出、第 186 回国会衆法第 14 号）に関す
　る参考資料』（2014 年）
衆議院法制局ウェブサイト「公職選挙法等の一部を改正する法律案」
衆議院法制局ウェブサイト「公職選挙法等の一部を改正する法律案概要」
衆議院法制局ウェブサイト「公職選挙法等の一部を改正する法律案新旧対照
　表」
自由民主党・公明党・民主党・日本維新の会・みんなの党・結いの党・生活
　の党・新党改革『確認書』（2014 年）
自由民主党ウェブサイト「『投票権 18 歳』国民投票法改正案を衆院に共同提出」
初宿正典＝辻村みよ子『新　解説世界憲法集』（三省堂、第 3 版、2014 年）
常時啓発事業のあり方等研究会『最終報告書　社会に参加し、自ら考え、自
　ら判断する主権者を目指して〜新たなステージ「主権者教育」へ〜』（2011
　年）
スマート・ライフ・プロジェクトウェブサイト「スマート・ライフ・プロジェ
　クトとは」

政府統計の総合窓口ウェブサイト（e-Stat）「平成25年　人口動態統計　保
　　管統計表（報告書非掲載表）嫡出出生数、父の年齢（5歳階級）・出生当
　　時の世帯の主な仕事別」
選挙制度研究会『実務と研修のためのわかりやすい公職選挙法』（ぎょうせい、
　　第15次改訂版、2014年）
仙台市選挙管理委員会＝仙台市明るい選挙推進協議会『第3回仙台市民投票
　　意識調査（平成25年8月11日執行　仙台市長選挙）報告書』（2014年）
総合研究開発機構（NIRA）ウェブサイト「『ドメイン投票法』の衝撃」
総務省『平成21年通信利用動向調査の結果（概要）』（2010年）
総務省『平成22年通信利用動向調査の結果（概要）』（2011年）
総務省『平成23年通信利用動向調査の結果（概要）』（2012年）
総務省『平成24年通信利用動向調査の結果（概要）』（2013年）
総務省『平成25年通信利用動向調査の結果（概要）』（2014年）
総務省選挙部『第22回参議院議員通常選挙における年齢別投票状況』（2010
　　年）
総務省選挙部『第23回参議院議員通常選挙における年齢別投票状況』（2013
　　年）
総務省選挙部『第45回衆議院議員総選挙における年齢別投票状況』（2009年）
総務省選挙部『第46回衆議院議員総選挙における年齢別投票状況』（2013年）
総務省選挙部『第47回衆議院議員総選挙における年齢別投票状況』（2015年）
総務省統計局『人口推計―平成25年12月報―』（2013年）
総務省統計局『人口推計―平成27年2月報―』（2015年）
総務省統計局『人口推計―平成26年5月報―』（2014年）
総務省統計局ウェブサイト「平成22年国勢調査を基準とした算出方法（現行）」
総務省ウェブサイト「憲法改正国民投票法の一部を改正する法律について」
総務省ウェブサイト「参議院議員通常選挙における年代別投票率（抽出）の
　　推移」
総務省ウェブサイト「衆議院議員総選挙における年代別投票率（抽出）の推移」
総務省ウェブサイト「住民基本台帳に基づく人口、人口動態及び世帯数」
総務省ウェブサイト「常時啓発事業のあり方等研究会（平成23年10月26
　　日開催）　議事概要」
総務省ウェブサイト「常時啓発事業のあり方等研究会（平成23年10月26
　　日開催）提供資料（小玉重夫委員）」
総務省ウェブサイト「常時啓発事業のあり方等研究会（平成23年7月25日
　　開催）（資料）近藤孝弘　ドイツの政治教育における政治的中立性の考
　　え方」

参考資料編

総務省ウェブサイト「成年被後見人の方々の選挙権について」

総務省ウェブサイト「選挙権と被選挙権」

総務省ウェブサイト「選挙権年齢の引下げについて」

高瀬淳一『サミット―主要国首脳会議―』（芦書房、2000年）

高見勝利『シリーズ憲法の論点⑤憲法の改正』（国立国会図書館調査及び立
　　法考査局、2005年）

建林正彦ほか『比較政治制度論』（有斐閣、2008年）

辻村みよ子『憲法』（日本評論社、第4版、2012年）

東京都選挙管理委員会ウェブサイト「若年層投票率の推移（総括表）」

東京都選挙管理委員会ウェブサイト「若年層投票率の推移（東京都議会議員
　　選挙）」

東京都選挙管理委員会ウェブサイト「若年層投票率の推移（東京都知事選挙）」

戸田浩史「昭和29年の教育二法の制定過程～教育の政治的中立性をめぐる
　　国会論議～」立法と調査305号（2010年）

内閣府『平成17年度年次経済財政報告』（2005年）

「21世紀日本の構想」懇談会『日本のフロンティアは日本の中にある―自立
　　と協治で築く新世紀―』（2000年）

日本学術会議政治学委員会政治過程分科会『提言　各種選挙における投票率
　　低下への対応策』（2014年）

日本弁護士連合会『改めて憲法改正手続法の見直しを求める会長声明』（2014
　　年）

日本弁護士連合会『憲法改正手続法の施行延期を求める会長声明』（2010年）

野中俊彦ほか『憲法Ⅰ』（有斐閣、第5版、2012年）

野中俊彦ほか『憲法Ⅱ』（有斐閣、第5版、2012年）

長谷部恭男「改憲発議要件の緩和と国民投票」全国憲法研究会『続・憲法改
　　正問題』（日本評論社、2006年）

長谷部恭男『憲法』（新世社、第3版、2004年）

福岡県『平成23年4月10日執行　福岡県知事選挙における男女別・年齢別
　　投票状況』（2011年）

丸山敬一『政治学原論』（有信堂、1993年）

三鷹市議会は『「18歳選挙権」の実現を求める意見書』（2000年）

三俣真知子「成年被後見人の選挙権剥奪に係る憲法問題の視点」立法と調査
　　322号（2011年）

宮下茂「一般的国民投票及び予備的国民投票～検討するに当たっての視点～」
　　立法と調査320号（2011年）

宮下茂「憲法改正国民投票の投票権年齢18歳以上と選挙権年齢等～検討す

173

るに当たっての視点～」立法と調査323号（2011年）

宮下茂「憲法審査会における当面の課題―平成25年参議院議員通常選挙後の新勢力の下において―」立法と調査345号（2013年）

宮下茂「選挙権年齢及び民法の成年年齢等の引下げ問題～国民投票の投票権年齢を18歳以上とすることに伴う引下げ～」立法と調査294号（2009年）

民主党ウェブサイト「国民投票法改正案について、8党が確認書正式合意」

民主党ウェブサイト「1998年基本政策」

森裕城「選挙過程における利益団体の動向：二〇〇五年衆院選・二〇〇七年参院選の分析とJIGS2調査の報告」同志社法学60巻5号（2008年）

文部科学省ウェブサイト「新しい教育基本法について（詳細版）（パンフレット）」

文部科学省ウェブサイト「教育基本法改正に関する国会審議における主な答弁」

文部科学省ウェブサイト「教育基本法資料室へようこそ！第8条（政治教育）」

文部科学省ウェブサイト「教育基本法について（規定の概要）」

文部科学省ウェブサイト「文初高第四八三号　昭和四四年一〇月三一日　各都道府県教育委員会教育長・各都道府県知事・付属高等学校をおく各国立大学長・各国立高等学校長あて　文部省初等中等教育局長通達　高等学校における政治的教養と政治的活動について」

文部科学省ウェブサイト「我が国の義務教育制度の変遷」

文部科学省ウェブサイト「義務教育諸学校教科用図書検定基準（平成21年3月4日文部科学省告示第33号、平成26年1月17日改正）」

山口県ウェブサイト「選挙のあゆみ」

横浜市選挙管理委員会『第15回投票参加状況調査（平成25年8月25日執行　横浜市長選挙）』（2014年）

渡辺樹「議会制民主主義と政治参加」レファレンス平成19年5月号（2007年）

◆報道

朝日新聞ウェブサイト「家計に負担、遠い大学　地方の生徒『本当は行きたい…』」

朝日新聞ウェブサイト「（声）「投票」を小学生から教えよう」

朝日新聞ウェブサイト「（衆院選）若者と選挙権―『18歳』確実に実現を」

朝日新聞ウェブサイト「18歳選挙権を先取り　模擬投票で体験　政策も議論」

朝日新聞ウェブサイト「選挙権、なぜ18歳に引き下げ？」

朝日新聞ウェブサイト「大学進学率の地域差、20年で2倍　大都市集中で二極化」

朝日新聞ウェブサイト「強い寒気、衆院選投票率も冷え込む？各地で雪の予報」

朝日新聞ウェブサイト「投票率が9割を超える訳は『屋台』やネット投票も」

朝日新聞ウェブサイト「20歳女子大生、『影の外相』破り当選　英国総選挙」

朝日新聞ウェブサイト「世論調査—質問と回答＜1月17日、18日実施＞」

AFPウェブサイト「16歳に選挙権、独ブレーメン州議会選」

NHKウェブサイト「NHK『かぶん』ブログ　原発の再稼働　若い世代に賛成多い傾向」

NHKウェブサイト「NHK『かぶん』ブログ　特集・川内原発再稼働に鹿児島県が同意」

NHKウェブサイト「くらし☆解説『集団的自衛権と国民の視線』」

NHKウェブサイト「ここに注目！『改憲国民投票法改正〜残る課題は』」

NHKウェブサイト「時論公論『18歳選挙実現へ〜政治的・社会的影響は』」

NHKウェブサイト「米中間選挙まで1か月　対『イスラム国』が争点に急浮上」

愛媛新聞ウェブサイト「選挙権年齢引き下げ　若者の政治参加を促す契機に」

沖縄タイムスウェブサイト「『深掘り』18歳選挙権、中高での主権者教育が鍵」

河北新報ウェブサイト「選挙年齢18歳へ／実施念頭に環境整備急いで」

岐阜新聞ウェブサイト「"18歳選挙権"高校生座談会『年齢引き下げ』どう思う」

京都新聞ウェブサイト「高3『選挙権20歳のままで』6割　滋賀県選管アンケート」

京都新聞ウェブサイト「18歳から選挙権　民主主義の作法学ぼう」

高知新聞ウェブサイト「【18歳選挙権】主権者教育を急ぎたい」

神戸新聞ウェブサイト「18歳選挙権／主権者の自覚を育みたい」

The Wall Street Journalウェブサイト「夢が叶った18歳女子大生、全米最年少の州議会議員に」

佐賀新聞ウェブサイト「選挙権と成人年齢」

産経新聞ウェブサイト「選挙権『18歳以上』若者取り込みで各党手探り　少年法や民法など課題も」

産経新聞ウェブサイト「被選挙権年齢も引き下げを　民主・岡田代表、参院30歳以上『これは変だ』」

産経新聞ウェブサイト「未来の有権者に聞く『18歳選挙権』で変わる？」

四国新聞ウェブサイト「県内高校生、思いが交錯／18歳選挙権」

時事通信ウェブサイト「『18歳』対策に苦悩＝組織的な支持獲得難しく—与野党」

175

時事通信ウェブサイト「『投票権無駄にしないで』＝民主代表、女子校でアピール」

信濃毎日新聞ウェブサイト「18歳選挙権　積み残しの課題が多い」

上毛新聞ウェブサイト「民主、駅立ち体験で若者にPR　18歳選挙権にらみ」

中国新聞ウェブサイト「戦後70年　民主主義　政治参画の意識忘れず」

中日新聞ウェブサイト「18歳選挙権、今国会成立へ　法案再提出に与野党が合意」

TBSウェブサイト「『18歳選挙権』で高校での政治活動規制めぐり意見交換」

テレビ朝日ウェブサイト「少年法も“18歳引き下げ”検討へ　自民党」

東京新聞ウェブサイト「高校生にも主権者教育、啓発推進　選挙権年齢引き下げで首相」

東京新聞ウェブサイト「18歳選挙権法案『成人の年齢』は熟慮で」

新潟日報ウェブサイト「18歳選挙権　参加の意識をどう育てる」

西日本新聞ウェブサイト「18歳選挙権　どうする主権者教育」

西日本新聞ウェブサイト「『世界一幸せな国』デンマークの政治は　福岡市でシンポ　被選挙権18歳以上　女性国会議員4割」

日本経済新聞2015年2月18日日刊2頁「若年層の声　政策に　18歳選挙権新有権者240万人」

日本経済新聞ウェブサイト「高齢者偏重の是正に期待　選挙権年齢、引き下げへ」

日本経済新聞ウェブサイト「社民、18歳選挙権法案に賛成へ　方針転換」

日本経済新聞ウェブサイト「18歳選挙権、新たな有権者240万人『次世代の声』政策に」

日本経済新聞ウェブサイト「18歳選挙権『賛成』49％　50代は『反対』が上回る本社世論調査」

日本経済新聞ウェブサイト「18歳選挙権、同床異夢の与野党」

日本経済新聞ウェブサイト「選挙権、16歳に引き下げ　アルゼンチン」

日本経済新聞ウェブサイト「無党派層が過去最高の47％　日経世論調査」

日本テレビウェブサイト「読売新聞記者が『選挙権年齢引き下げ』解説」

Newsweekウェブサイト「大人になりたくない！？日本人と年齢の不思議」

福井新聞ウェブサイト「生かせ18歳選挙権　若者こそ未来開く主役だ」

Bloombergウェブサイト「『日本人標的』に走る衝撃、政府はテロ未然防止に全力―人質事件（2）」

北海道新聞ウェブサイト「18歳選挙権　なお慎重な議論が必要」

北海道新聞ウェブサイト「20代投票率、右肩下がり　前回37％　36年前から半減　知事選『関心持たす教育必要』」

176

参考資料編

毎日新聞ウェブサイト「改正公選法：18 歳選挙権が成立」
毎日新聞ウェブサイト「自治はどこへ：2015 年統一選　名古屋『減税日本』
　　市議、新人 28 人→11 人　『風』頼み、議員団自滅」
毎日新聞ウェブサイト「18 歳選挙権　今国会でこそ実現を」
毎日新聞ウェブサイト「18 歳選挙権　参院選へ万全な準備を」
毎日新聞ウェブサイト「18 歳に選挙権法案提出：深刻な若年層投票率低下」
毎日新聞ウェブサイト「統一地方選：大学に期日前投票所を　選管取り組み
　　に差」
毎日新聞ウェブサイト「統一地方選：身近な選挙も大事…『18 歳』責任と困惑」
毎日放送ウェブサイト「高校生向けの『政治』教育セミナーが開始」
南日本新聞ウェブサイト「18 歳にも選挙権　主権者としての自覚は？」
読売新聞ウェブサイト「深刻な若年層の棄権…ネットで投票呼びかけ」
読売新聞ウェブサイト「選挙権 18 歳『賛成』51％、内閣支持は 55％」
読売新聞ウェブサイト「［選挙権年齢］海外は『18 歳以上』主流」
読売新聞ウェブサイト「〈18 歳選挙権　法案提出〉歓迎や戸惑いの声」
琉球新報ウェブサイト「18 歳選挙権　市民性教育の充実が鍵だ」

◆国会答弁等

　(答弁等を引用する場合は、国立国会図書館ウェブサイト「国会会議録検索システ
　ム」を用いて、各国会会議録から引用した。また、国立国会図書館ウェブサイト「帝
　国議会会議録検索システム」も用いた)

1945 年 12 月 12 日、第 89 回帝国議会貴族院衆議院議員選挙法中改正法律案
　　特別委員会、堀切善次郎内務大臣（当時）答弁
1945 年 12 月 12 日、第 89 回帝国議会貴族院本会議、堀切善次郎内務大臣（当
　　時）答弁
1949 年 8 月 1 日、第 5 回国会参議院選挙法改正に関する特別委員会、鈴木直
　　人参議院議員（当時）発言
1969 年 2 月 5 日、第 61 回国会衆議院予算委員会、山中吾郎衆議院議員（当時）
　　発言
1972 年 3 月 31 日、第 68 回国会参議院予算委員会、佐藤栄作首相（当時）答
　　弁
1978 年 2 月 3 日、第 84 回国会衆議院予算委員会、真田秀夫内閣法制局長官（当
　　時）答弁

177

2001 年 6 月 6 日、第 151 回国会衆議院政治倫理の確立及び公職選挙法改正に
　　関する特別委員会、遠藤和良総務副大臣（当時）答弁

2005 年 2 月 10 日、第 162 回国会衆議院憲法調査会、永岡洋治衆議院議員（当
　　時）発言

2011 年 3 月 8 日、第 177 回国会衆議院厚生労働委員会、大塚耕平厚生労働副
　　大臣（当時）答弁

2012 年 3 月 22 日、第 180 回国会衆議院憲法審査会、関靖直文部科学省大臣
　　官房審議官（当時）答弁

2012 年 4 月 5 日、第 180 回国会衆議院憲法審査会、橘幸信衆議院法制局法制
　　企画調整部長（当時）答弁

2013 年 6 月 13 日、第 183 回国会衆議院憲法審査会、橘幸信衆議院法制局法
　　制企画調整部長（当時）答弁

2014 年 4 月 24 日、第 186 回国会衆議院憲法審査会、前川喜平文部科学省初
　　等中等教育局長（当時）答弁

2014 年 5 月 21 日、第 186 回国会参議院憲法審査会、松田公太参議院議員発
　　言

2014 年 5 月 21 日、第 186 回国会参議院憲法審査会、三谷英弘衆議院議員（当
　　時）発言

2014 年 6 月 4 日、第 186 回国会参議院憲法審査会、愛敬浩二参考人発言

2014 年 6 月 4 日、第 186 回国会参議院憲法審査会、小林良彰参考人発言

2014 年 6 月 12 日、第 186 回国会参議院文教科学委員会、下村博文文部科学
　　大臣（当時）答弁

2014 年 11 月 17 日、第 187 回国会参議院政治倫理の確立及び選挙制度に関す
　　る特別委員会、稲山博司総務省自治行政局選挙部長（当時）答弁

2015 年 2 月 17 日、第 189 回国会参議院本会議、安倍晋三首相答弁

2015 年 3 月 4 日、第 189 回国会参議院国の統治機構に関する調査会、西尾勝
　　参考人発言

2015 年 3 月 4 日、第 189 回国会参議院国の統治機構に関する調査会、人羅格
　　参考人発言

2015 年 3 月 4 日、第 189 回国会参議院国の統治機構に関する調査会、山本太
　　郎参議院議員発言

2015 年 3 月 10 日、第 189 回国会衆議院予算委員会第三分科会、宮川典子衆
　　議院議員発言

2015 年 3 月 10 日、第 189 回国会衆議院予算委員会第四分科会、下村博文文
　　部科学大臣（当時）答弁

2015 年 3 月 25 日、第 189 回国会衆議院総務委員会、稲山博司総務省自治行

政局選挙部長（当時）答弁

2015 年 5 月 28 日、第 189 回国会衆議院政治倫理の確立及び公職選挙法改正に関する特別委員会、船田元衆議院議員発言

2015 年 6 月 2 日、第 189 回国会衆議院政治倫理の確立及び公職選挙法改正に関する特別委員会、徳田正一文部科学省大臣官房審議官答弁

2015 年 6 月 2 日、第 189 回国会衆議院政治倫理の確立及び公職選挙法改正に関する特別委員会、船田元衆議院議員発言

2015 年 6 月 10 日、第 189 回国会参議院政治倫理の確立及び選挙制度に関する特別委員会、杉浦真理参考人発言

◆答弁書等

2000 年 12 月 5 日、森喜朗首相『衆議院議員加藤公一君提出未成年者に憲法上保障される選挙権に関する質問に対する答弁書』

2005 年 11 月 4 日、小泉純一郎首相『参議院議員藤末健三君提出インターネット等の選挙運動への活用に関する質問に対する答弁書』

2012 年 2 月 21 日、馳浩衆議院議員『若年層における選挙の低投票率に関する質問主意書』

2012 年 3 月 2 日、野田佳彦首相『衆議院議員馳浩君提出若年層における選挙の低投票率に関する質問に対する答弁書』

2015 年 3 月 13 日、安倍晋三首相『参議院議員藤末健三君提出投票率向上のための施策に関する質問に対する答弁書』

2015 年 3 月 31 日、安倍晋三首相『参議院議員浜田和幸君提出選挙権年齢等の引下げに関する質問に対する答弁書』

◆判例

最大判昭和 43 年 12 月 4 日刑集 22 巻 13 号 1425 頁

◆ 著者略歴

飯田　泰士 （いいだ　たいし）

東京大学大学院法学政治学研究科修了。
東京大学大学院医学系研究科生命・医療倫理人材養成ユニット修了。
近時の研究分野は、選挙・憲法・医療に関する法制度。

◆ 著　書

2015 年
『地方選挙ハンドブック』えにし書房
『原発国民投票をしよう！』えにし書房

2014 年
『集団的自衛権』彩流社
『改憲論議の矛盾』花伝社

2013 年
『憲法 96 条改正を考える』弁護士会館ブックセンター出版部 LABO
『ネット選挙のすべて』明石書店

2012 年
『成年被後見人の選挙権・被選挙権の制限と権利擁護』明石書店

18歳選挙権で政治はどう変わるか——データから予測する投票行動

2016年1月8日　初版第1刷発行

著　者　飯田泰士

発行者　齊藤万壽子

〒606-8224　京都市左京区北白川京大農学部前
発行所　株式会社　昭和堂
振替口座　01060-5-9347
TEL（075）706-8818/FAX（075）706-8878

ⓒ 2016　飯田泰士　　　　　　　　　　印刷　中村印刷

ISBN978-4-8122-1525-8

＊落丁本・乱丁本はお取り替えいたします

Printed in Japan

本書のコピー、スキャン、デジタル化等の無断複製は著作権法上での例外を除き禁じられています。
本書を代行業者等の第三者に依頼してスキャンやデジタル化することは、たとえ個人や家庭内での利用
でも著作権法違反です。

はじめて学ぶ法学の世界　憲法・民法・刑法の基礎

関根 孝道 著　A5版並製・240頁
定価（本体2,400円＋税）

六法、判例、法のトピック、文献・資料、事例問題、演習テーマが詰まっていて、この一冊で基礎的な法の知識と考え方が習得できる。

反核から脱原発へ　ドイツとヨーロッパ諸国の選択

若尾 祐司／本田 宏 編
A5版・388頁　定価（本体3,500円＋税）

脱原発政策に向かって舵を切り、エネルギー消費の抑制へと向かう、エコ意識の覚醒のみが未来への希望を与える。原発の本格的研究書。

階級政治！　日本の政治的危機はいかにして生まれたか

渡辺 雅男 著
四六版・288頁　定価（本体2,400円＋税）

戦後日本の政治は一貫して階級政治だった。政治の行き詰まり、政権交代、自民党政治の崩壊と、格差社会の到来の次に控える政治変動への期待は、また政界再編の予感は、今や広く国民の中に浸透している。政治学者や政治評論家が見失った概念、「階級政治」を分析用具に、戦後政治を社会科学の俎上に乗せて分析する。

図書出版　昭和堂

http://www.showado-kyoto.jp/